高职铁道机车运用与维护专业
技能考核标准与题库

陈 林 汪 科 李 丹 著

北京交通大学出版社

·北京·

内 容 简 介

本书基于铁道机车运用与维护专业技能考核内容，依据铁道机车运用与维护专业岗位群的电气操作技术、钳工作业技术、铁道机车运用和检修等核心工作能力要求，由一线教学人员与企业专家共同编写。

书中共设置电气设备的装配与调试、常用机械零件的加工、铁道机车的运用、铁道机车的检修四大考核模块。各考核模块及主要考核要点均对标行业头部企业真实考核任务和标准，依据本专业人才培养目标定位，以具体的工作项目为载体，考查学生基本安全用电知识，常用仪器仪表和工具的使用，元器件的选型、检测，线路的安装、调试能力；考核学生装配钳工基本知识、基本操作方法、基本技能的掌握情况；考核学生对铁道机车乘务员一次出乘标准化作业、非正常行车等专业核心技能的掌握程度，考核学生对铁道机车电气部件及机械部件的结构及工作原理的认知程度等多方面职业能力及职业素养。通过完成技能抽查项目，加强专业教学内容与岗位工作任务的无缝对接，达到培养学生综合能力的目的。

本书可作为铁道机车运用与维护专业教学用书。

图书在版编目（CIP）数据

高职铁道机车运用与维护专业技能考核标准与题库 / 陈林，汪科，李丹著. -- 北京 ： 北京交通大学出版社，2024. 10. -- ISBN 978-7-5121-5371-4

Ⅰ. U26

中国国家版本馆 CIP 数据核字第 2024SV0528 号

高职铁道机车运用与维护专业技能考核标准与题库
GAOZHI TIEDAO JICHE YUNYONG YU WEIHU ZHUANYE JINENG KAOHE BIAOZHUN YU TIKU

策划编辑：张　亮　　责任编辑：陈跃琴
出版发行：北京交通大学出版社　　　　电话：010-51686414　　http://www.bjtup.com.cn
地　　址：北京市海淀区高梁桥斜街 44 号　　邮编：100044
印 刷 者：北京时代华都印刷有限公司
经　　销：全国新华书店
开　　本：185 mm×260 mm　　印张：10　　字数：229 千字
版 印 次：2024 年 10 月第 1 版　　2024 年 10 月第 1 次印刷
定　　价：36.00 元

前　言

为进一步强化实践教学，加强学生专业技能训练和培养，帮助学生锤炼过硬本领，检验学生专业技术技能水平，我们根据湖南省教育厅《关于开展高等职业学校专业技能考核标准与题库》和《学生专业技能抽查工作的通知》等要求开发本技能考核标准与题库。

技能考核标准基于铁道机车运用与维护专业技能考核内容，依据铁道机车运用与维护专业岗位群的电气操作技术、钳工作业技术、机车运用与检修等核心工作能力要求，设置电气设备的装配与调试、常用机械零件的加工、铁道机车的运用、铁道机车的检修四大考核模块，具体撰写分工如下：

本书技能考核标准部分：汪科起草电气设备的装配与调试考核标准，李丹起草常用机械零件的加工考核标准，陈林起草铁道机车的运用考核标准，晋永荣起草铁道机车的检修考核标准。

本书题库部分：邓耀起草电气设备的装配与调试考核题库，邓子阳起草常用机械零件的加工考核题库，腾汉卿起草铁道机车的运用考核题库，黄杰起草铁道机车的检修考核题库。

湖南铁道职业技术学院陶艳教授对标准内容进行审定，株洲机务段高级技师王志对题库内容进行审定。各考核模块及主要考核要点均对标行业头部企业真实考核任务和标准，依据本专业人才培养目标定位，以具体的工作任务（项目）为载体，考查学生在以下几方面的职业能力和职业素养：

（1）基本安全用电知识，常用仪器仪表和工具的使用，元器件的选型、检测，线路的安装、调试；

（2）装配钳工基本知识、基本操作方法、基本技能；

（3）机车乘务员一次出乘标准化作业、铁道机车操纵、非正常行车；

（4）机车电气部件及机械部件的结构、工作原理及检修。

通过完成学生技能抽查项目，促进铁道机车运用与维护专业的课程体系重构和课程教学改革，加强专业教学内容与岗位工作任务的无缝对接，达成培养学生综合能力的目标；稳步推进专业与铁路局机务部门的紧密对接，促进铁道机车运用与维护专业适应铁路局机车运用与维护岗位的能力需求，推进专业综合能力与铁道机车运用与检修岗位综合能力的对接；持续推进专业课程体系建设、双师型师资队伍建设、实训基地建设、教学资源建设，提升专业基本教学条件、专业建设水平与人才培养质量。

在本技能考核标准起草与审定过程中，得到了中国铁路广州局集团有限公司、湖南铁道职业技术学院、广州铁路职业技术学院、湖南铁路科技职业技术学院、湖南高速铁路职业技术学院、吉林铁道职业技术学院领导和专家的大力支持，在此一并表示感谢。

本书采用深入浅出、图文并茂、通俗易懂的原则进行撰写。但由于时间仓促和作者水平所限，教材中不免有疏漏、不妥之处，望读者提出宝贵意见。

本书编委会

2024 年 8 月

目　　录

上篇　铁道机车运用与维护专业技能考核标准

下篇　铁道机车运用与维护专业技能考核题库

上 篇
铁道机车运用与维护专业技能考核标准

一、专业名称及适用对象

1. 专业名称

铁道机车运用与维护（专业代码：500105）。

2. 适用对象

高职全日制在籍毕业年级学生。

二、考核目标

依据本专业人才培养目标定位，以具体的工作任务（项目）为载体，考查学生基本安全用电知识、常用仪器仪表和工具的使用、元器件的选型、检测及线路的安装、调试能力；考核学生装配钳工基本知识、基本操作方法、基本技能的掌握情况；考核学生对机车乘务员一次出乘标准化作业、机车操纵、电力机车非正常行车等专业核心技能的掌握程度，考核学生对机车电气及机械部件的结构及工作原理的认知程度等多方面职业能力及职业素养。通过完成学生技能抽查项目，促进铁道机车运用与维护专业的课程体系重构和课程教学改革，加强专业教学内容与岗位工作任务的无缝对接，达成培养学生综合能力的教学目标；稳步推进专业与铁路局机务部门的紧密对接，促进铁道机车运用与维护专业适应铁路局机车运用与维护岗位能力需求，推进专业综合能力与铁道机车运用与检修岗位综合能力的对接，持续推进专业课程体系建设、双师型师资队伍建设、实训基地与教学资源建设，提升专业基本教学条件、专业建设水平与人才培养质量。

三、考核内容

本专业技能考核内容基于高职铁道机车运用与维护专业岗位群的电气操作技术、钳工作业技术、机车运用与检修等核心工作能力要求，设置电气设备的装配与调试、常用机械零件的加工、铁道机车的运用、铁道机车的检修四大考核模块。各考核模块及主要考核要点如表1所示。

表 1 考核模块及考核要点

序号	模块名称		能力及素质要求
1	电气设备的装配与调试	常用电气设备的检测与装调	1. 能力要求 （1）具有探究学习、终身学习、分析问题和解决问题的能力； （2）具备独立思考、逻辑推理、信息加工、自我约束的能力； （3）具备工程识图及绘图能力； （4）具备工量具使用及维护能力。
		交流电机控制线路的安装与调试	2. 素质要求 （1）具有良好的职业道德、职业素养、法律意识； （2）崇尚宪法、遵守法律、遵规守纪，崇德向善、诚实守信，爱岗敬业，履行道德准则和行为规范，具有社会责任感和社会参与意识； （3）尊重劳动，热爱劳动，具有较强的实践能力； （4）具有质量意识、环保意识、安全意识、信息素养、工匠精神、创新精神
2	常用机械零件的加工	孔类零件的加工	1. 能力要求 （1）具有探究学习、终身学习、分析问题和解决问题的能力； （2）具有良好的语言、文字表达能力和沟通能力； （3）具备独立思考、逻辑推理、信息加工、自我约束的能力； （4）具备创新思维和创新创造能力； （5）具备工程识图及绘图能力； （6）具备工量具使用及维护能力。
		板类零件的加工	2. 素质要求 （1）具有良好的职业道德、职业素养、法律意识； （2）尊重劳动，热爱劳动，具有较强的实践能力； （3）具有质量意识、环保意识、安全意识、信息素养、工匠精神、创新精神； （4）勇于奋斗、乐观向上，能够进行有效的人际沟通和协作，与社会、自然和谐共处，具有职业生涯规划的意识，具有较强的集体意识和团队合作精神； （5）具有一定的审美和人文素养，具有感受美、表现美、鉴赏美、创造美的能力，能够形成一两项艺术特长或爱好

序号	模块名称		能力及素质要求
3	铁道机车的运用	有计划行车	1. 能力要求 （1）具有探究学习、终身学习、分析问题和解决问题的能力； （2）具有良好的语言、文字表达能力和沟通能力； （3）具备独立思考、逻辑推理、信息加工、自我约束的能力； （4）具备团队协作能力； （5）具备铁道机车制动机操作与维护能力； （6）具备铁道机车操纵与维护能力； （7）具备铁道机车运用与保养能力； （8）具备铁道机车常见故障应急处置能力； （9）具备铁道机车非正常情况应急处置能力。
		临时故障行车	2. 素质要求 （1）具有良好的职业道德、职业素养、法律意识； （2）崇尚宪法、遵守法律、遵规守纪，崇德向善、诚实守信，爱岗敬业，履行道德准则和行为规范，具有社会责任感和社会参与意识； （3）尊重劳动，热爱劳动，具有较强的实践能力； （4）具有质量意识、环保意识、安全意识、信息素养、工匠精神、创新精神； （5）勇于奋斗、乐观向上，能够进行有效的人际沟通和协作，与社会、自然和谐共处，具有职业生涯规划的意识，具有较强的集体意识和团队合作精神； （6）具有良好的身心素质、健康的体魄和心理、健全的人格，能够掌握基本运动知识和一两项运动技能，养成良好的卫生习惯、生活习惯、行为习惯和自我管理能力

续表

序号	模块名称		能力及素质要求
4	铁道机车的检修	铁道机车电气部件的检修	1. 能力要求 （1）具有探究学习、终身学习、分析问题和解决问题的能力； （2）具备独立思考、逻辑推理、信息加工、自我约束的能力； （3）具备工程识图及绘图能力； （4）具备工量具使用及维护能力； （5）具备铁道机车整备检查能力； （6）具备铁道机车电气及机械设备检查与维护能力； （7）具备铁道机车运用与保养能力。
		铁道机车机械部件的检修	2. 素质要求 （1）具有良好的职业道德、职业素养、法律意识； （2）崇尚宪法、遵守法律、遵规守纪，崇德向善、诚实守信，爱岗敬业，履行道德准则和行为规范，具有社会责任感和社会参与意识； （3）尊重劳动，热爱劳动，具有较强的实践能力； （4）具有质量意识、环保意识、安全意识、信息素养、工匠精神、创新精神

模块 1　电气设备的装配与调试

电气设备的装配与调试模块包括常用电气设备的检测与装调、交流电机控制线路的安装与调试 2 个考核项目，主要用来检验学生是否掌握基本安全用电知识、常用仪器仪表和工具的使用，以及常用元器件的选型、检测，电气控制线路的安装、调试等基本技能。

项目 1　常用电气设备的检测与装调

1. 项目描述

某铁路局机务段需要进行车间照明电路的安装，请按照相应的生产流程和作业标准完成设备的检测和电路的组装与调试，并能实现电路的基本功能，满足相应的技术指标，正确填写相关技术文件或测试报告。其中，需要对变压器进行检测，还需要完成照明电路、动力电路、电能计量电路的安装与调试。

2. 基本要求

1）技能要求

以《铁路应用：机车车辆牵引变压器和电抗器》（IEC 60310：2024）、《电气装置安装工程　电气设备交接试验标准》（GB 50150—2016）等标准为参考，对车站照明电路进行安装调试，对变压器等设备进行检测。安装、调试中，能正确识读电气图纸、合理选择和使用工具仪表，并能对产生的故障进行排除。作业完成后，需进行作业工量具的收捡与保养工作。

2）素养要求

（1）符合企业基本的 6S（整理、整顿、清扫、清洁、修养、安全）管理要求，能按要求进行仪器/工具的定置和归位，工作台面保持清洁，及时清扫废弃管脚及杂物等；能事前进行接地检查，具有遵守电工电气安全操作规范的意识。

（2）具备企业基本的质量常识，符合企业的管理要求，产品搬运、摆放等符合产品防护要求。

（3）严格遵守作业规章制度，操作方法与流程符合规范。

（4）安全责任意识强，安全防护措施规范。

3. 考核要求

考核时长：60～100 min。
场地与设备：模拟电工安装房 4 间，配备常用电工工具。

4. 考核方式

学生使用自带工具及实训室提供的常用仪表进行技能考试。
裁判根据评分标准对学生提交的作品及操作过程进行评分。

项目 2　交流电机控制线路的安装与调试

1. 项目描述

某公司需要进行三相异步电机控制线路的安装与调试，请按照相应的生产流程和作业标准完成电路的组装与调试，并能实现电路的基本功能，满足相应的技术指标，正确填写相关技术文件。其中，需要完成三相交流异步电机正反转控制、起动控制、制动控制等多种控制电路的安装与调试。

2. 基本要求

1）技能要求

以《铁路应用：机车车辆牵引变压器和电抗器》（IEC 60310：2024）、《电气装置安装工程　电气设备交接试验标准》（GB 50150—2016）等标准为参考，对三相交流异步电机控制电路进行安装调试。安装调试中，能正确识读电气图纸，合理选择和使用工具、仪表，按照工艺要求进行作业，并能对产生的故障进行排除。作业完成后，需进行作业工量具的收捡与保养工作。

2）素养要求

（1）符合企业基本的 6S 管理要求，能按要求进行仪器/工具的定置和归位，工作台面保持清洁，及时清扫废弃管脚及杂物等；能事前进行接地检查，具有遵守电工电气安全操作规范的意识。

（2）具备企业基本的质量常识，符合企业的管理要求，产品搬运、摆放等符合产品防护要求。

（3）严格遵守电工作业规章制度，操作方法与流程符合规范。

（4）具备较强的安全、责任、质量及环保意识，安全防护措施规范。

3. 考核要求

考核时长：100～150 min。

场地与设备：电气控制线路装配实训台 20 个，配备常用电工工具、电气线路实训网孔板、低压电器等。

4. 考核方式

学生使用自带工具及实训室提供的常用仪表进行技能考试。裁判根据评分标准对学生提交的作品及操作过程进行评分。

模块 2　常用机械零件的加工

常用机械零件的加工模块包含孔类零件的加工和板类零件的加工 2 个考核项目，主要用来考核学生常用测量工具的使用能力，以及利用钳工工具进行划线、锯割、锉削、钻孔、攻丝等操作的综合运用能力。

项目 1　孔类零件的加工

1. 项目描述

某车间需加工一批孔类零件，要求学生使用给定的工量具和设施，对给定的备料完成划线、钻孔、攻丝、测量等工作，使加工后的零件符合图纸给定的尺寸、表面粗糙度及形位公差要求。

2. 基本要求

1）技能要求

遵循《产品几何技术规范（GPS）表面结构　轮廓法　表面粗糙度参数及其数值》（GB/T 1031—2009）、《科学技术档案案卷构成的一般要求》（GB/T 11822—2008）的基本要求，能够独立完成所有作业程序，正确识读机械图纸，合理选择加工工具和测量工具，对备料进行划线、钻孔、攻丝、测量，加工后的工件符合图纸要求。作业完成后，需进行作业工量具的收捡与保养。

2）素养要求

（1）符合企业基本的 6S 管理要求，能按要求进行工具/设施的定置和归位，工作台面保持清洁，个人防护用品穿戴到位。
（2）具备企业基本的质量常识，符合企业的管理要求，产品搬运、摆放等符合产品防护要求。
（3）严格遵守钳工作业规章制度，操作方法与流程符合规范。
（4）具备较强的安全、责任、质量及环保意识，安全防护措施规范。

3. 考核要求

考核时长：60～120 min。
场地与设备：可同时容纳 12 人进行划线、锯割、锉削、钻孔的钳工工作场地，照明通风良好。配备划线平台、方箱或 V 形块、台虎钳、台钻、平口钳等设施，配备高度游标卡尺（简称高度尺）、钢直尺、游标卡尺、万能角度尺、样冲、榔头、划线规、手用钢锯、锯条、锉刀、抹布等工量具。

4. 考核方式

学生根据图样和图纸要求完成工件的加工。
裁判根据评分标准对学生提交的作品及操作过程进行评分。

项目 2 板类零件的加工

1. 项目描述

某车间需加工一批板类零件，要求学生使用给定的工量具和专用设备，对给定的备料完成划线、钻孔、锯割、锉削、测量等工作，使加工后的零件符合图纸给定的尺寸、表面粗糙度及形位公差要求。

2. 基本要求

1）技能要求

遵循《产品几何技术规范（GPS）表面结构　轮廓法　表面粗糙度参数及其数值》（GB/T 1031—2009）、《科学技术档案案卷构成的一般要求》（GB/T 11822—2008）的要求，能够独立完成所有作业程序，正确识读机械图纸，合理选择加工工具及测量工具，对备料进行划线、钻孔、锯割、锉削、测量，加工后的工件符合图纸要求。作业完成后，需进行作业工量具的收捡与保养。

2）素养要求

（1）符合企业基本的 6S 管理要求，能按要求进行工具/设施的定置和归位，工作台面保持清洁，个人防护用品穿戴到位。

（2）具备企业基本的质量常识，符合企业管理要求，产品搬运、摆放等符合产品防护要求。

（3）严格遵守钳工作业规章制度，操作方法与流程符合规范。

（4）具备较强的安全、责任、质量及环保意识，安全防护措施规范。

3. 考核要求

考核时长：60～120 min。

场地与设备：可同时容纳 12 人进行划线、锯割、锉削、钻孔的钳工工作场地，照明通风良好。配备划线平台、方箱或 V 形块、台虎钳、台钻、平口钳等设施，配备高度尺、钢直尺、游标卡尺、万能角度尺、样冲、榔头、划线规、手用钢锯、锯条、锉刀、抹布等工量具。

4. 考核方式

学生根据图样和图纸要求完成工件的加工。裁判根据评分标准对学生提交的作品及操作过程进行评分。

模块 3　铁道机车的运用

　　铁道机车的运用模块包括有计划行车和临时故障行车 2 个考核项目，主要考核学生对铁道机车操纵的熟练程度和非正常情况应急处置能力，要求学生熟悉一次出乘标准化作业、机车操纵、乘务员手比及呼唤应答标准、车机联控标准用语、对标停车、行车安全装备操作、有计划行车及途中临时故障行车等相关专业知识，要求学生能按照相关操作规范独立完成给定任务，并体现良好的职业精神与职业素养。

项目 1　有计划行车

1. 项目描述

　　某机务段司机，接到担当×××次列车×××区段牵引作业任务。在该区段预设信号机或线路故障，要求司机按照计划路票或绿证完成牵引作业任务。司机接到任务后，需先完成作业任务工单的填写，再完成机车乘务员出勤作业，然后登乘机车完成牵引作业任务。要求全部作业过程必须严格符合机车乘务员一次出乘作业标准化作业要求，执行车机联控与呼唤应答标准。

2. 基本要求

　　1）技能要求

　　遵循《铁路技术管理规程》《铁路机车操作规则》《铁路机车运用管理规则》等铁路规章的相关规定，要求学生按照铁路机车司乘人员一次出乘标准化作业规范，完成作业单据填写、司机出勤、机车试验、列车出站、列车行车安全装备操作、途中运行、对标停车的全部作业流程，并能够合理处置运行途中突发的非正常情况，保证列车的安全正点运行。

　　2）素养要求

　　（1）符合铁路机车司乘人员出乘着装要求，具备良好的精神状态。
　　（2）符合基本的 6S 管理要求，能按要求进行操纵，操纵台面保持清洁。
　　（3）具有良好的身心素质，严格遵守铁路司乘人员作业规章制度，操作方法与流程符合规范。
　　（4）具备较强的安全意识与责任意识，安全防护措施规范。

3. 考核要求

考核时长：60～70 min。

场地与设备：配置机车模拟驾驶台及机车司机出勤作业台，能满足 5 名考生同时作业的模拟驾驶考试场地。

4. 考核方式

（1）书面填写乘务员出乘作业单据，考核作业单据填写能力。

（2）机车模拟驾驶系统模拟操作，考核机车综合运用能力。

项目 2　临时故障行车

1. 项目描述

某机务段司机，接到担当×××次列车×××区段牵引作业任务。在该区段有可能临时出现故障，要求司机按照铁路司乘人员一次出乘标准化作业规定顺利完成牵引作业任务。司机接到任务后需先完成作业任务工单的填写，再完成机车乘务员出勤作业，然后登乘机车完成牵引作业任务。要求全部作业过程必须严格符合机车乘务员一次出乘作业标准化作业要求，执行车机联控与呼唤应答标准，合理处置突发故障。

2. 基本要求

1）技能要求

遵循《铁路技术管理规程》《铁路机车操作规则》《铁路机车运用管理规则》等铁路规章的相关规定，要求学生按照铁路机车司乘人员一次出乘标准化作业规范，完成作业单据填写、司机出勤、机车试验、列车出站、列车行车安全装备操作、途中运行、临时故障行车、对标停车的全部作业流程，并能够合理完成运行途中应急故障处理，以及非正常情况的应急处置，保证列车的安全正点运行。

2）素养要求

（1）符合铁路机车司乘人员出乘着装要求，具备良好的精神状态。

（2）符合基本的 6S 管理要求，能按要求进行操纵，操纵台面保持清洁。

（3）具有良好的身心素质，严格遵守铁路司乘人员作业规章制度，操作方法与流程符合规范。

（4）具备较强的安全意识与责任意识，安全防护措施规范。

3. 考核要求

考核时长：60～70 min。

场地与设备：配置机车模拟驾驶台及机车司机出勤作业台，能满足 5 名考生同时作业的模拟驾驶考试场地。

4. 考核方式

（1）书面填写乘务员出乘作业单据，考核作业单据填写能力。
（2）机车模拟驾驶系统模拟操作，考核机车综合运用能力。

模块 4　铁道机车的检修

铁道机车的检修模块包括铁道机车电气部件的检修和铁道机车机械部件的检修 2 个考核项目，主要考核学生对机车低压电器、机车受电弓、机车轮对、机车制动阀件等主要铁道机车设备进行拆装、检修、维护、故障处理等的检修作业技能，要求学生能按照机车检修规范独立完成给定任务，并体现良好的职业精神与职业素养。

项目 1　铁道机车电气部件的检修

1. 项目描述

某机务段有一批铁道机车电气部件需要进行拆装、检修、维护、故障处理。请按照铁道机车检修相关工艺要求和检修规程对铁道机车各类电气部件进行检修作业。其中，需要完成受电弓的检修与调试、机车低压电器的检修与维护、机车电空阀的检修与维护等实作项目的检修作业。

2. 基本要求

1）技能要求

遵循《铁路机车检修保养规则》《铁路职业技能培训规范（机车电工）》等职业规范与技能要求，要求学生能够正确识读电气图纸，合理运用各类机车电器检修工量具，按照铁路机车检修作业规范，完成机车主要电气部件的检修与维护作业。

2）素养要求

（1）符合铁路机车检修作业人员作业着装要求，具备良好的精神状态。

13

（2）符合基本的 6S 管理要求，能按要求进行仪器/工具的定置和归位，作业台面保持清洁。

（3）具备严谨认真的作业态度，严格遵守铁路机车检修作业规章制度，检修方法与流程符合规范。

（4）具备较强的安全意识、责任意识、质量意识及环保意识，安全防护措施规范。

3. 考核要求

考核时长：60～70 min。

场地与设备：根据试题要求，准备受电弓、机车低压电器、机车电空阀等机车电气部件，配备铁道机车检修专用工具和仪器仪表。

4. 考核方式

（1）书面填写检修作业任务工单，考核作业单据填写能力。
（2）机车电气部件的检修与维护，考核机车检修综合能力。

项目 2　铁道机车机械部件的检修

1. 项目描述

某机务段有一批铁道机车机械部件需要进行拆装、检修、维护、故障处理。请按照铁道机车检修相关工艺要求和检修规程对铁道机车各类机械部件进行检修作业。其中，需要完成机车轮对的检修与维护、机车阀件的检修与维护等实作项目的检修作业。

2. 基本要求

1）技能要求

遵循《铁路机车检修保养规则》《铁路职业技能培训规范（机车电工）》等职业规范与技能要求，要求学生能够正确识读机械图纸，合理运用各类机车机械检修工量具，按照铁路机车部件检修作业规范，完成机车主要机械部件的检修与维护作业。

2）素养要求

（1）符合铁路机车检修作业人员作业着装要求，具备良好的精神状态。
（2）符合基本的 6S 管理要求，能按要求进行仪器/工具的定置和归位，作业台面保持清洁。

（3）具备严谨认真的作业态度，严格遵守铁路机车检修作业规章制度，检修方法与流程符合规范。

（4）具备较强的安全意识、责任意识、质量意识及环保意识，安全防护措施规范。

3. 考核要求

考核时长：60～70 min。

场地与设备：根据试题要求，准备机车轮对、机车各类阀件等机车机械部件，配备铁道机车检修专用工具和仪器仪表。

4. 考核方式

（1）书面填写检修作业任务工单，考核作业单据填写能力。

（2）机车机械部件的检修与维护，考核机车检修综合能力。

四、评 价 标 准

模块1　电气设备的装配与调试

项目1　常用电气设备的检测与装调

本项目的技能考核成绩由操作过程及规范、实作结果及质量、职业素养三大部分组成。其中操作过程及规范主要从作业前准备和作业过程两个方面进行考核，特别注重对操作过程中工具选择及使用、操作方法及作业标准的考核；实作结果及质量主要从实作结果、质量和时间控制等方面进行考核，特别注重对结果的正确性、精准性及完成效率进行考核；职业素养主要从基本要求和安全防护两方面进行考核，特别注重对纪律意识、责任意识、安全防护意识、现场 6S 管理等方面进行考核。职业素养分值权重为 20%，操作过程及规范、实作结果及质量两个部分，分值权重为 80%，具体见题库部分的评分细则。

本项目的考核总成绩满分为 100 分，三部分总计得分大于或等于 60 分为合格。评价标准范例如表 2 所示。

表2　常用电气设备的检测与装调评价标准范例

评价项目		考核内容及评分标准	备注
操作过程及规范（20分）	作业前准备（10分）	（1）要求工具、材料准备齐全，规格型号相符； （2）要求安全防护项目齐全，防护操作规范； （3）按照清单检查元器件数量与元器件质量好坏，作业过程中提出更换器件的，做扣分处理	出现明显失误，造成设备及元器件损坏等安全事故，或严重违反考场纪律，造成恶劣影响的，本次考核记0分
	作业过程（10分）	（1）正确使用仪表检查器件好坏； （2）合理选择工量具，按照使用规范正确操作； （3）合理选择仪器仪表，正确操作仪器仪表对电路进行调试； （4）按照正确流程进行装调，并及时记录装调数据	
实作结果及质量（60分）	工艺质量标准（30分）	（1）正确接线，应无错接、漏接现象； （2）导线进入线槽（用线槽敷设线路），完成后必须装配盖板； （3）导线布线按横平竖直（用明线敷设线路）规范布置； （4）接线螺钉压接规范，各接点无松动，接头露铜应符合规范要求； （5）电路整体接线整齐美观	
	功能标准（30分）	（1）接线完毕后，应通电调试； （2）通电调试应符合规范，不得出现人身伤害； （3）所有电路控制功能能正常实现； （4）所有接线及调试过程在规定时间内完成	
职业素养（20分）	基本要求（10分）	（1）考试不得迟到，考核过程中不得做与考试无关的事，考试全程必须服从考场安排； （2）作业完成后必须整理工具、清洁工作现场	
	安全防护（10分）	（1）正确穿戴个人防护用品； （2）正确使用仪器仪表，防止出现人身伤害	
合计	100分		

项目2 交流电机控制线路的安装与调试

本项目的评价标准与项目1基本相似，成绩评定由操作过程及规范、实作结果及质量、职业素养三大部分组成。评价标准范例如表3所示。

表3 交流电机控制线路的安装与调试评价标准范例

评价项目		考核内容及评分标准	备注
操作过程（20分）	作业前准备（10分）	（1）要求工具、材料准备齐全，规格型号相符； （2）要求安全防护项目齐全，防护操作规范； （3）按照清单检查元器件数量与元器件质量好坏，作业过程中提出更换器件的，做扣分处理	出现明显失误，造成设备及元器件损坏等安全事故，或严重违反考场纪律，造成恶劣影响的，本次考核记0分
	作业过程（10分）	（1）正确使用仪表检查器件好坏； （2）合理选择工量具，按照使用规范正确操作； （3）合理选择仪器仪表，正确操作仪器仪表对电路进行调试； （4）按照正确流程进行装调，并及时记录装调数据	
实作结果及质量（60分）	工艺质量标准（30分）	（1）正确接线，应无错接、漏接现象； （2）导线进入线槽（用线槽敷设线路），完成后必须装配盖板； （3）导线布线按横平竖直（用明线敷设线路）规范布置； （4）接线螺钉压接规范，各接点无松动，接头露铜应符合规范要求； （5）电路整体接线整齐美观	
	功能标准（30分）	（1）接线完毕后，应通电调试； （2）通电调试应符合规范，不得出现人身伤害； （3）所有电路控制功能能正常实现； （4）所有接线及调试过程在规定时间内完成	

续表

评价项目		考核内容及评分标准	备注
职业素养（20分）	基本要求（10分）	（1）考试不得迟到，考核过程中不得做与考试无关的事，考试全程必须服从考场安排； （2）作业完成后，必须整理工具，清洁工作现场	
	安全防护（10分）	（1）正确穿戴个人防护用品； （2）正确使用仪器仪表，防止出现人身伤害	
合计	100分		

模块 2 常用机械零件的加工

项目 1 孔类零件的加工

本项目的技能考核成绩由操作过程及规范、实作结果及质量、职业素养三大部分组成。其中操作过程及规范主要从作业前准备和操作过程两个方面进行考评，分值权重分别为 10%、20%，特别注重对操作过程中工具的选择及使用、操作方法及操作规范的考核；实作结果及质量主要从实作结果、质量和时间控制等方面进行考核，特别注重对结果的正确性、精准性及完成效率进行考核；职业素养主要从基本要求和安全防护两方面进行考核，特别注重对纪律意识、责任意识、安全防护意识、现场 6S 管理等方面进行考核。职业素养分值权重为 20%，其他两个部分分值权重为 80%，根据考题的考核侧重点不同，两部分分值权重划分不同，具体见题库部分的评价标准。

本项目各考题的考核总成绩满分为100分，三部分总计得分大于或等于60分为合格。评价标准范例如表 4 所示。

表 4　孔类零件的加工评价标准范例

评价项目		考核内容及评分标准	备注
操作过程与规范（30分）	作业前准备（10分）	（1）正确选用划线、钻孔、攻丝的工量具； （2）提前检查待加工毛坯的外观状况	出现明显失误，造成设备及元器件损坏等安全事故，或严重违反考场纪律，造成恶劣影响的，本次考核记0分
	操作过程（20分）	（1）按照规定图样，清晰准确地划出工件加工的尺寸样线； （2）按划出的尺寸样线进行钻孔，要求钻孔过程符合规范要求，防止出现人身伤害； （3）按照规定图样进行攻丝； （4）作业过程符合作业规范要求，不得损坏工具、材料	
实作结果及质量（50分）		（1）螺纹符合题目要求； （2）加工零件表面粗糙度符合题目要求； （3）孔定位距符合题目尺寸及精度要求； （4）时间应控制在题目要求的范围以内	
职业素养（20分）	基本要求（10分）	（1）考试不得迟到，考核过程中不得做与考试无关的事，考试全程应服从考场安排； （2）任务完成后，整齐摆放划线、钻孔、攻丝工量具，整理工作台面等，应符合6S管理要求	
	安全防护（10分）	（1）穿戴个人防护用品到位； （2）遵守各项劳动安全规程	
合计	100分		

项目2　板类零件的加工

本项目的评价标准与项目1基本相似，成绩评定由操作过程及规范、实作结果及质量、职业素养三大部分组成。评价标准范例如表5所示。

表 5　板类零件的加工评价标准范例

评价项目		考核内容及评分标准	备注
操作过程 与规范 （30 分）	作业前 准备 （10 分）	（1）正确清点划线、钻孔、锯割、锉削的工量具； （2）提前检查代加工毛坯的外观状况	出现明显失误，造成设备及元器件损坏等安全事故，或严重违反考场纪律，造成恶劣影响的，本次考核记 0 分
	操作过程 （20 分）	（1）按照规定图样，清晰准确地划出工件加工的尺寸样线； （2）按划出的尺寸样线进行锯割； （3）按划出的尺寸样线进行钻孔； （4）按图样规定进行锉削； （5）作业过程符合作业规范，要求不得损坏工具、材料	
实作结果及质量 （50 分）		（1）加工成品尺寸及精度符合图样要求； （2）内孔尺寸及精度符合图样要求； （3）台阶尺寸及精度符合图样要求； （4）空刀槽度符合图样要求； （5）定位尺寸及精度符合图样要求； （6）时间控制在题目要求的范围以内	
职业素养 （20 分）	基本要求 （10 分）	（1）考试不得迟到，考核过程中不得做与考试无关的事，考试全程应服从考场安排； （2）任务完成后，整齐摆放划线、锯割、钻孔、锉削工量具，整理工作台面等，并符合 6S 管理要求	
	安全防护 （10 分）	（1）穿戴个人防护用品到位； （2）遵守各项劳动安全规程	
合计	100 分		

模块 3　铁道机车的运用

项目 1　有计划行车

本项目的技能考核成绩由作业任务书编写、作业过程、实作结果及质量、职业素养四大部分组成。其中作业任务书编写主要考核学生的作业单据填写能力；作业过程主要从出勤作业和操作过程两个方面进行考核，特别注重对操作过程中操作方法及操作规范的考核；实作结果及质量主要从实作结果、质量和时间控制等方面进行考核，特别注重对结果的正确性、精准性及完成效率进行考核；职业素养主要从基本要求和操作规范两方面进行考核，特别注重对纪律意识、责任意识、安全防护意识、现场 6S 管理、操作规范性等方面进行考核。职业素养分值权重为 10%，作业任务书编写分值权重为 30%，作业过程、实作结果及质量两个部分的分值权重为 60%，根据考题的考核侧重点不同，两部分分值权重划分不同，具体见题库部分的评价标准。

　　本项目的考核总成绩满分为 100 分，四部分总计得分大于或等于 60 分为合格，评价标准范例如表 6 所示。

表 6　有计划行车评价标准范例

评价项目			考核内容及评分标准	备注
作业任务书编写 （30 分）			考前完成机车一次出乘标准化作业流程及机车操纵流程等内容的作业任务书编写	
作业过程 （20 分）	出勤作业 （5 分）		按照抽签顺序进入出勤台，正确使用出勤用语，正确选择出勤必带物品	出现明显失误，造成设备及元器件损坏等安全事故，或严重违反考场纪律，造成恶劣影响的，本次考核记 0 分
	操作过程	LKJ 数据输入 （3 分）	正确输入 LKJ 数据，输入过程中正确完成手比眼看口呼	
		制动机试验 （6 分）	按照作业规范正确完成制动机试验，作业过程中正确执行手比眼看口呼，按规范进行列尾查询及行车安全设备确认	
		发车及途中车机联控 （6 分）	（1）按作业规范正确完成发车作业； （2）正确执行《铁路机车操作规则》规定的手比口呼标准用语； （3）途中作业执行车机联控时，必须按照作业规范使用标准用语	

续表

评价项目		考核内容及评分标准	备注
实作结果及质量 （40 分）		（1）实操作业质量由监考人员进行人工判分； （2）操作流程必须正确合理，符合《铁路机车操作规则》规定； （3）有行车命令下发，必须及时签收； （4）途中出现非正常情况，能够及时处置； （5）必须在试题规定时间内完成作业任务	出现明显失误，造成设备及元器件损坏等安全事故，或严重违反考场纪律，造成恶劣影响的，本次考核记 0 分
职业素养 （10 分）	基本要求 （3 分）	（1）必须按规定着装； （2）考试不得迟到，考核过程中不得做与考试无关的事，考试全程必须服从考场安排； （3）作业完毕后，必须整理、清扫作业现场，并符合 6S 管理要求	
	操作规范 （7 分）	（1）手比动作到位； （2）呼唤应答用语规范	
合计	100 分		

项目 2　临时故障行车

本项目的评价标准与项目 1 基本相似，技能考核成绩由检修作业任务书编写、操作过程及实作质量、职业素养三大部分组成。评价标准范例如表 7 所示。

表 7　临时故障行车评价标准范例

评价项目	考核内容及评分标准	备注
检修作业任务书编写 （30 分）	考前完成机车一次出乘标准化作业流程及机车操纵流程等内容的作业任务书编写	

评价项目			考核内容及评分标准	备注
操作过程及实作质量（50分）	作业前准备（10分）		（1）个人保护用品穿戴齐备，每错漏一处扣2分； （2）防护措施到位，每错漏一处扣2分； （3）工量具准备到位，每错漏一处扣2分	出现明显失误，造成设备及元器件损坏等安全事故，或严重违反考场纪律，造成恶劣影响的，本次考核记0分
	操作过程	出勤作业（5分）	按照抽签顺序进入出勤台，正确使用出勤用语，正确选择出勤必带物品	
		LKJ数据输入（3分）	正确输入LKJ数据，输入过程中正确完成手比眼看口呼	
		制动机试验（6分）	按照作业规范正确完成制动机试验，作业过程中正确执行手比眼看口呼，按规范进行列尾查询及行车安全设备确认	
		发车及途中车机联控（6分）	（1）按作业规范正确完成发车作业； （2）正确执行《铁路机车操作规则》规定的手比口呼标准用语； （3）途中作业执行车机联控时，必须按照作业规范使用标准用语	
	作业质量标准（10分）		（1）实操作业质量由监考人员进行人工判分； （2）操作流程必须正确合理，符合《铁路机车操作规则》规定； （3）运行途中，行车揭示取消后，须正确完成LKJ设置； （4）运行途中，出现临时故障或突发情况，能够正确处置	
	时间控制（10分）		时间控制合理，每超过1 min扣2分，超过5 min考核立即停止	
职业素养（20分）	基本要求（10分）		（1）必须按规定着装； （2）考试不得迟到，考核过程中不得做与考试无关的事，考试全程必须服从考场安排； （3）作业完毕后，必须整理、清扫作业现场，并符合6S管理要求	
	安全防护（10分）		遵守各项劳动安全规程	
合计	100分			

模块4　铁道机车的检修

项目1　铁道机车电气部件的检修

本项目的技能考核成绩由检修作业任务书编写、操作过程及作业质量、职业素养三大部分组成。其中检修作业任务书编写主要考核学生的作业单据填写能力；操作过程及作业质量主要从作业规范和完成质量两个方面进行考核，特别注重对操作过程中作业规范及最终实作结果进行考核；职业素养主要从基本要求和安全防护两方面进行考核，特别注重对纪律意识、责任意识、安全防护意识、现场6S管理等方面进行考核。职业素养分值权重为20%，检修作业任务书编写分值权重为30%，操作过程及作业质量分值权重为50%，具体见题库部分的评价标准。

本项目的考核总成绩满分为100分，三部分总计得分大于或等于60分为合格，评价标准范例如表8所示。

表8　铁道机车电气部件的检修评价标准范例

评价项目		考核内容及评分标准	备注
检修作业任务书编写 （30分）		（1）正确理解题意； （2）正确画出题目要求的所有图形符号； （3）任务书编写应合理且书写清晰	出现明显失误，造成设备及元器件损坏等安全事故，或严重违反考场纪律，造成恶劣影响的，本次考核记0分
操作过程及作业质量 （50分）		（1）要求工具、材料准备齐全，规格型号相符； （2）部件解体时，要求步骤、方法符合规范要求； （3）部件解体应全面彻底，符合试题要求； （4）作业过程中，零件、工具不得失落； （5）零件装配需正确合理，符合试题要求； （6）装配后的零件参数应达到规定的技术要求； （7）全部作业必须在试题规定时间内完成	
职业素养 （20分）	基本要求 （10分）	（1）考试不得迟到，考核过程中不得做与考试无关的事，考试全程必须服从考场安排； （2）操作过程中及作业完成后，工具、仪表、设备必须有序摆放	
	安全防护 （10分）	（1）穿戴个人防护用品到位； （2）遵守各项劳动安全规程	
合计	100分		

项目 2　铁道机车机械部件的检修

本项目的评价标准与项目 1 基本相似，技能考核成绩由检修作业任务书编写、操作过程及作业质量、职业素养三大部分组成，评价标准范例如表 9 所示。

表 9　铁道机车机械部件的检修评价标准范例

评价项目		考核内容及评分标准	备注
检修作业任务书编写（30分）		（1）正确理解题意； （2）正确画出题目要求的所有图形符号； （3）任务书编写应合理，且书写清晰	出现明显失误，造成设备及元器件损坏等安全事故，或严重违反考场纪律，造成恶劣影响的，本次考核记 0 分
操作过程及作业质量（50分）		（1）要求工具、材料准备齐全，规格型号相符； （2）部件解体时，要求步骤、方法符合规范要求； （3）部件解体应全面彻底，符合试题要求； （4）作业过程中，零件、工具不得失落； （5）零件装配需正确合理，符合试题要求； （6）装配后的零件参数应达到规定的技术要求； （7）全部作业必须在试题规定时间内完成	
职业素养（20分）	基本要求（10分）	（1）考试不得迟到，考核过程中不得做与考试无关的事，考试全程必须服从考场安排； （2）操作过程中及作业完成后，工具、仪表、设备必须有序摆放	
	安全防护（10分）	（1）穿戴个人防护用品到位； （2）遵守各项劳动安全规程	
合计	100分		

五、组 考 方 式

1. 模块抽取

本专业技能考核标准的 4 个模块均为必考模块。参考学生按规定比例随机抽取考试模块。各模块考生人数按四舍五入计算，剩余的尾数考生随机在 4 个模块中抽取应试模块。

2. 项目抽取

每个考试模块均设若干考核项目。考生根据抽取的考试模块，随机从对应模块中抽取考核项目。

3. 试题抽取

学生在相应项目题库中随机抽取 1 套试题进行测试。

下 篇

铁道机车运用与维护专业
技能考核题库

　　为适应铁道机车运用与维护专业学生专业基本技能考核要求，特根据铁道机车运用与维护专业技能考核标准编制本题库。内容包括电气设备的装配与调试、常用机械零件的加工、铁道机车的运用、铁道机车的检修四大考核模块，共计 50 道考题。题库整体涵盖了铁道机车运用与维护专业高职毕业生的绝大部分职业能力需求，试题难易程度整体呈正态分布，其中，较难题目 7 道，占题库的 14%；较容易题目 6 道，占题库的 12%；中等难易程度的题目 37 道，占题库的 74%。

模块 1　电气设备的装配与调试

项目 1　常用电气设备的检测与装调

试题 1-1-1　变压器质量检测

1. 任务描述

（1）正确使用万用电表判别变压器的同名端，写出判别原理与方法。

（2）正确使用仪表测量变压器原副边绕组之间的绝缘电阻以及绕组对铁芯的绝缘电阻，并判断绝缘电阻是否合格。

2. 实施条件（见表 10）

表 10　变压器质量检测实施条件

项目	基本实施条件	备注
场地	电工实验台位 20 个，室内照明通风良好	必备
仪表	指针式万用表 20 块（附配套测量连接线）、单臂电桥 20 块	必备
材料	小型单相变压器 20 台	必备
工具	剥线钳、斜口钳、压线钳	根据需要配置
测评专家	每 3 名考生配备一名考评员。考评员须为中级以上维修电工或者高低压电器装配工	必备

3. 考核时长

60 min。

4. 评分细则（见表 11）

表 11　变压器质量检测评分细则

评价项目		考核内容及评分标准	备注
操作过程及规范（20分）	作业前准备（10分）	（1）要求工具、材料准备齐全，规格型号相符，每缺或错一件扣5分； （2）要求安全防护项目齐全、防护操作规范，防护项目每缺一项扣3分，防护不规范每处扣2分； （3）按照清单检查元器件数量与好坏，作业过程中提出更换元器件的，每个扣2分	（1）出现严重设备损坏、人身伤害，扣40分； （2）严重违反考场纪律，造成恶劣影响的，本大项记0分
	操作过程（10分）	（1）不会用仪表检查器件好坏，每个扣5分； （2）操作不规范，扣2~10分； （3）操作过程中出现短路，每次扣5分； （4）装调流程不正确，扣5分；未及时记录装调数据，扣3分	
实作结果及质量（60分）	工艺质量标准（30分）	（1）每少接一根线，扣1分； （2）导线未进入线槽（用线槽敷设线路），每处扣1分；完成后每少盖一处盖板扣1分； （3）导线未按横平竖直布线（用明线敷设线路），每处扣1分； （4）每个接线螺钉压接线超过两根，每处扣1分； （5）接点松动、接头露铜过长，每处扣1分； （6）布线不整齐美观，酌情扣1~5分	
	同名端判别（10分）	（1）测量结果错误扣10分，测量结果不准确扣5分； （2）测量原理与方法不正确扣1~10分	

评价项目		考核内容及评分标准	备注
实作结果及质量（60 分）	绝缘电阻测量（10 分）	（1）原副边绕组间绝缘电阻测量结果不准确扣 5 分； （2）原边绕组对铁芯的绝缘电阻测量结果不准确扣 5 分； （3）副边绕组对铁芯的绝缘电阻测量结果不准确扣 5 分； （4）结论不正确扣 5 分	（1）出现严重设备损坏、人身伤害，扣 40 分； （2）严重违反考场纪律，造成恶劣影响的，本大项记 0 分
	时间控制（10 分）	时间控制合理，每超过规定时间 1 min 扣 2 分，超过 15 min 考核立即停止	
职业素养（20 分）	基本要求（10 分）	（1）操作过程中，工具、仪表、设备等摆放不整齐，扣 5 分； （2）作业完成后，未整理工具、清洁工作现场，扣 5 分； （3）考试迟到，考核过程中做与考试无关的事，不服从考场安排，酌情扣 1～5 分	
	安全防护（10 分）	（1）没有正确穿戴个人防护用品，扣 5 分； （2）操作过程中出现短路，扣 10 分	
合计	100 分		

试题 1-1-2　照明电路的装配与调试

1. 任务描述

（1）能够正确地识读电气原理图（见图 1）。

（2）能够按电气原理图要求进行元器件安装。

（3）能够按电气原理图要求进行布线与接线。

（4）进行通电调试。

（5）在考核过程中，注意人身和设备的安全。

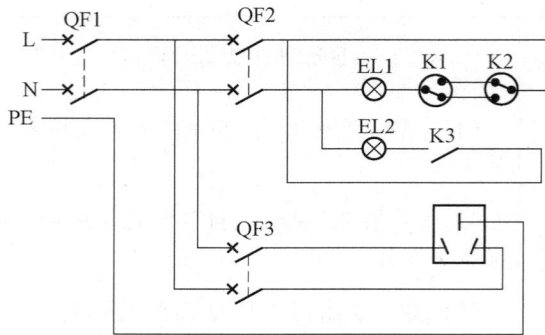

图 1　照明电路电气原理图

2. 实施条件（见表 12）

表 12　照明电路装配与调试实施条件

项目	基本实施条件	备注
场地	电气线路装配训练场，应满足以下条件： （1）能满足 30 人同时进行训练； （2）配置有三相四线交流电源～3×380/220 V、20 A	必备
设施设备	个人防护用品、带漏电保护空气断路器、2P 空气开关、明盒插座、双联开关、单联开关、灯泡、灯座、端子排、网孔板（木板）、塑料铜芯线（单股硬线）、线槽板、螺丝、卡钉	必备
工具	装配通用工具，包括验电笔、钢丝钳、螺丝刀（包括十字口螺丝刀、一字口螺丝刀）、电工刀、尖嘴钳、活扳手、剪刀等	必备
测评专家	每 3 名考生配备一名考评员。考评员须为中级以上维修电工或者高低压电器装配工	必备

3. 考核时长

90 min。

4. 评分细则（见表13）

表13　照明电路装配与调试评分细则

评价项目		考核内容及评分标准	备注
操作过程及规范（20分）	作业前准备（10分）	（1）要求工具、材料准备齐全，规格型号相符，每缺或错一件扣5分； （2）要求安全防护项目齐全、防护操作规范，防护项目每缺一项扣3分，防护不规范每处扣2分； （3）按照清单检查元器件数量与好坏，作业过程中提出更换元器件的，每个扣2分	（1）出现严重设备损坏、人身伤害，扣40分； （2）严重违反考场纪律，造成恶劣影响的，本大项记0分
	操作过程（10分）	（1）不会用仪表检查器件好坏，每个扣5分； （2）操作不规范，扣2~10分； （3）操作过程中出现短路，每次扣5分； （4）装调流程不正确，扣5分；未及时记录装调数据，扣3分	
实作结果及质量（60分）	工艺质量标准（30分）	（1）每少接一根线，扣1分； （2）导线未进入线槽（用线槽敷设线路），每处扣1分；完成后每少盖一处盖板扣1分； （3）导线未按横平竖直布线（用明线敷设线路），每处扣1分； （4）每个接线螺钉压接线超过两根，每处扣1分； （5）接点松动、接头露铜过长，每处扣1分； （6）布线不整齐美观，酌情扣1~5分	
	功能标准（30分）	（1）不能通电扣30分； （2）插座不通电扣10分，不按左零右火接线扣5分； （3）双联开关K1与K2控制灯泡EL1功能不正常，每处扣5分； （4）单联开关K1与K2控制灯泡EL2功能不正常，扣10分； （5）没在规定时间内完成操作，每超过1 min扣2分，超过15 min考核立即停止	

评价项目		考核内容及评分标准	备注
职业素养 （20分）	基本要求 （10分）	（1）作业过程中，工具、仪表、设备等摆放不整齐，扣2分； （2）作业完成后，未整理工具、清洁工作现场，扣5分； （3）考试迟到，考核过程中做与考试无关的事，不服从考场安排，酌情扣1～5分	（1）出现严重设备损坏、人身伤害，扣40分； （2）严重违反考场纪律，造成恶劣影响的，本大项记0分
	安全防护 （10分）	（1）没有正确穿戴个人防护用品，扣5分； （2）通电调试出现短路，扣10分	
合计	100分		

试题 1-1-3 单相电能计量电路安装与调试

1. 任务描述

（1）能够正确地识读电气原理图（见图2）。

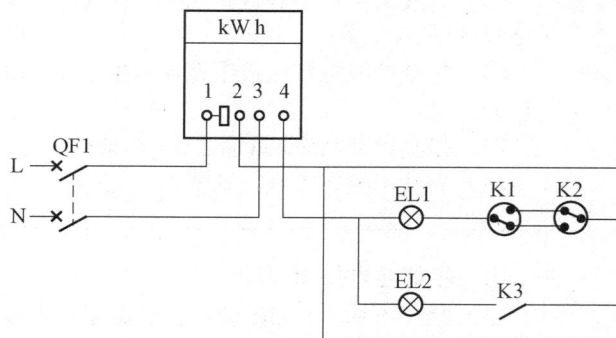

图 2 单相电能计量电路电气原理图

（2）能够按电气原理图要求进行元器件安装。

（3）能够按电气原理图要求进行布线与接线。

（4）进行通电调试。

（5）在考核过程中，注意人身和设备的安全。

2. 实施条件（见表 14）

表 14　单相电能计量电路安装与调试实施条件

项目	基本实施条件	备注
场地	电气线路装配训练场，应满足以下条件： （1）能满足 30 人同时进行训练； （2）配置有三相四线交流电源～3×380/220 V、20 A	必备
设施设备	个人防护用品、带漏电保护空气断路器、明盒插座、双联开关、单联开关、单相电度表、灯泡、灯座、端子排、网孔板（木板）、塑料铜芯线（单股硬线）、线槽板、螺丝、卡钉	必备
工具	装配通用工具，包括验电笔、钢丝钳、螺丝刀（包括十字口螺丝刀、一字口螺丝刀）、电工刀、尖嘴钳、活扳手、剪刀等	必备
测评专家	每 3 名考生配备一名考评员。考评员须为中级以上维修电工或者高低压电器装配工	必备

3. 考核时长

90 min。

4. 评分细则（见表 15）

表 15　单相电能计量电路安装与调试评分细则

评价项目		考核内容及评分标准	备注
操作过程及规范（20 分）	作业前准备（10 分）	（1）要求工具、材料准备齐全，规格型号相符，每缺或错一件扣 5 分； （2）要求安全防护项目齐全、防护操作规范，防护项目每缺一项扣 3 分，防护不规范每处扣 2 分； （3）按照清单检查元器件数量与质量，作业过程中提出更换元器件的，每个扣 2 分	（1）出现严重设备损坏、人身伤害，扣 40 分； （2）严重违反考场纪律，造成恶劣影响的，本大项记 0 分

评价项目		考核内容及评分标准	备注
操作过程及规范（20分）	操作过程（10分）	（1）不会用仪表检查元器件好坏，每个扣5分； （2）操作不规范，酌情扣2～10分； （3）操作过程出现短路，每次扣5分； （4）装调流程不正确，扣5分；未及时记录装调数据，扣3分	（1）出现严重设备损坏、人身伤害，扣40分； （2）严重违反考场纪律，造成恶劣影响的，本大项记0分
实作结果及质量（60分）	工艺质量标准（30分）	（1）每少接一根线，扣1分； （2）导线未进入线槽（用线槽敷设线路），每处扣1分；完成后每少盖一处盖板扣1分； （3）导线未按横平竖直布线（用明线敷设线路），每处扣1分； （4）每个接线螺钉压接线超过两根，每处扣1分； （5）接点松动、接头露铜过长，每处扣1分； （6）布线不整齐美观，酌情扣1～5分	
	功能标准（30分）	（1）不能通电，扣40分； （2）单相电表不转，扣10分； （3）开关K3控制灯泡EL2功能不正常，扣10分； （4）双联开关K1与K2控制灯泡EL1功能不正常，每处扣5分； （5）没在规定时间内完成操作，每超过1 min扣2分，超过15 min考核立即停止	
职业素养（20分）	基本要求（10分）	（1）作业过程中，工具、仪表、设备等摆放不整齐，扣2分； （2）作业完成后，未整理工具、清洁工作现场，扣5分； （3）考试迟到，考核过程中做与考试无关的事、不服从考场安排，酌情扣1～5分	
	安全防护（10分）	（1）没有正确穿戴个人防护用品，扣5分； （2）作业过程中出现短路，扣10分	
合计	100分		

试题 1-1-4 单相动力与计量电路安装与调试

1. 任务描述

（1）能够正确地识读电气原理图（见图 3）。

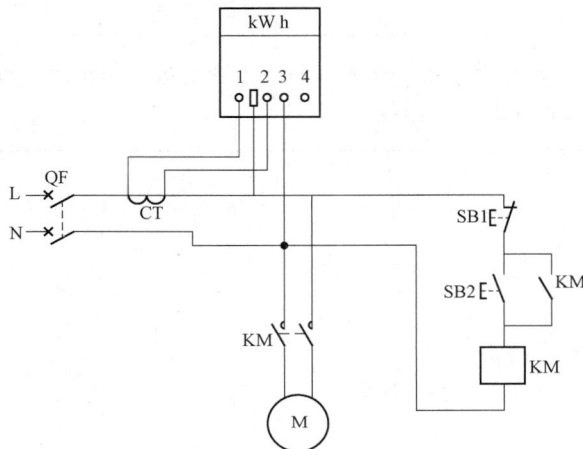

图 3 单相动力与计量电路电气原理图

（2）能够按电气原理图要求进行元器件安装。

（3）能够按电气原理图要求进行布线与接线。

（4）进行通电调试（单相电机可以用 60 W 以上灯泡代替）。通电后，如果发现电能表转得过慢，可以将电流互感器一次侧穿芯两匝以上。

（5）在考核过程中，注意人身和设备的安全。

2. 实施条件（见表 16）

表 16 单相动力与计量电路安装与调试实施条件

项目	基本实施条件	备注
场地	电气线路装配训练场，应满足以下条件： （1）能满足 30 人同时进行训练； （2）配置有三相四线交流电源～3×380/220 V、20 A	必备
设施设备	个人防护用品、带漏电保护空气断路器、三联按钮、20/5 电流互感器、单相电度表、220 V 灯泡（或 220 V 风扇）、灯座、端子排、网孔板（木板）、塑料铜芯线（单股硬线）、线槽板、螺丝、卡钉	必备

续表

项目	基本实施条件	备注
工具	装配通用工具，包括验电笔、钢丝钳、螺丝刀（包括十字口螺丝刀、一字口螺丝刀）、电工刀、尖嘴钳、活扳手、剪刀等	必备
测评专家	每 3 名考生配备一名考评员。考评员须为中级以上维修电工或者高低压电器装配工	必备

3. 考核时长

100 min。

4. 评分细则（见表 17）

表 17　单相动力与计量电路安装与调试评分细则

评价项目		考核内容及评分标准	备注
操作过程及规范（20分）	作业前准备（10分）	（1）要求工具、材料准备齐全，规格型号相符，每缺或错一件扣 5 分； （2）要求安全防护项目齐全、防护操作规范，防护项目每缺一项扣 3 分，防护不规范每处扣 2 分； （3）按照清单检查元器件数量与质量，作业过程中提出更换元器件的，每个扣 2 分	（1）出现严重设备损坏、人身伤害，扣 40 分； （2）严重违反考场纪律，造成恶劣影响的，本大项记 0 分
	操作过程（10分）	（1）不会用仪表检查元器件好坏，每个扣 5 分； （2）操作不规范，酌情扣 2～10 分； （3）操作过程中出现短路，每次扣 5 分； （4）装调流程不正确，扣 5 分；未及时记录装调数据，扣 3 分	

续表

评价项目		考核内容及评分标准	备注
实作结果及质量（60分）	工艺质量标准（30分）	（1）每少接一根线，扣1分； （2）导线未进入线槽（用线槽敷设线路），每处扣1分；完成后每少盖一处盖板扣1分； （3）导线未按横平竖直布线（用明线敷设线路），每处扣1分； （4）每个接线螺钉压接线超过两根，每处扣1分； （5）接点松动、接头露铜过长，每处扣1分； （6）布线不整齐美观，酌情扣1～5分	（1）出现严重设备损坏、人身伤害，扣40分； （2）严重违反考场纪律，造成恶劣影响的，本大项记0分
	功能标准（30分）	（1）不能通电，扣30分； （2）单相电表不转，扣10分； （3）起动与停止电路功能不正常，每处扣5分（起动、停止）； （4）风扇不转（灯泡不亮），扣10分； （5）没在规定时间内完成操作，每超过1 min扣2分，超过15 min考核立即停止	
职业素养（20分）	基本要求（10分）	（1）作业过程中，工具、仪表、设备等摆放不整齐，扣2分； （2）作业完成后，未整理工具、清洁工作现场，扣5分； （3）考试迟到，考核过程中做与考试无关的事、不服从考场安排，酌情扣1～5分	
	安全防护（10分）	（1）没有正确穿戴个人防护用品，扣5分； （2）作业过程中出现短路，扣10分	
合计	100分		

项目 2　交流电机控制线路的安装与调试

试题 1-2-1　电动机正反转运行电路装配与调试

1. 任务描述

（1）能够正确地识读电气原理图（见图 4）。

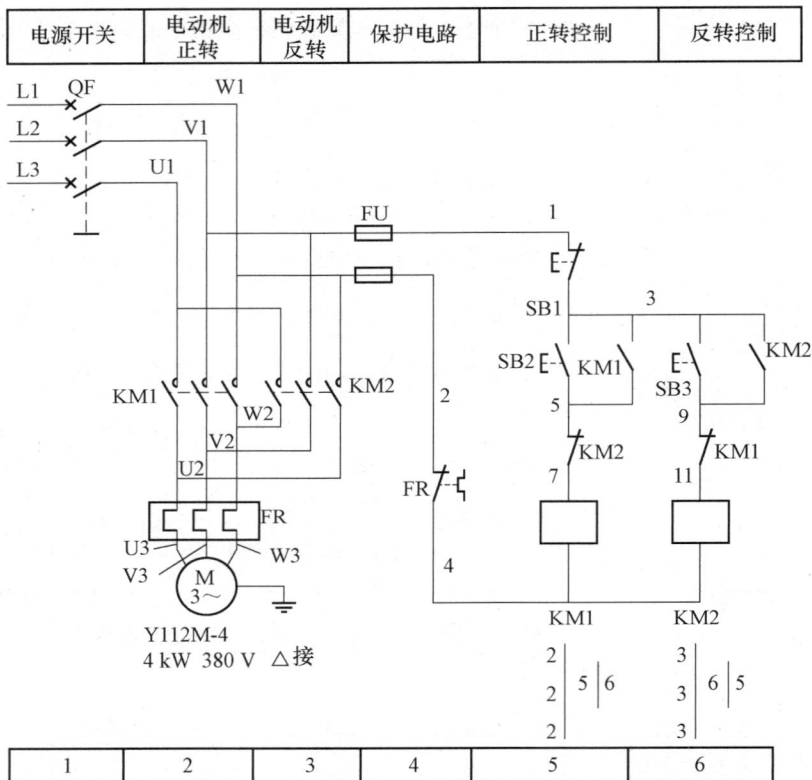

图 4　电动机正反转运行电路装配与调试电气原理图

（2）能够按电气原理图要求进行元器件安装。
（3）能够按电气原理图要求进行布线与接线（现场不压端子）。
（4）进行通电调试。
（5）在考核过程中，注意人身和设备的安全。

2. 实施条件（见表18）

表 18 电动机正反转运行电路装配与调试实施条件

项目	基本实施条件	备注
场地	电气线路装配训练场，应满足以下条件： （1）能满足 30 人同时进行训练； （2）配置有三相四线交流电源～3×380/220 V、20 A	必备
设施设备	圆珠笔、个人防护用品、空气断路器、组合三联按钮、交流接触器、热继电器、熔断器、接线端子排、网孔板、试车专用线、塑料铜芯线、线槽板、螺丝、三相异步电动机	必备
工具	装配通用工具，包括验电笔、钢丝钳、螺丝刀（包括十字口螺丝刀、一字口螺丝刀）、电工刀、尖嘴钳、活扳手、剪刀等	必备
测评专家	每 3 名考生配备一名考评员。考评员须为中级以上维修电工或者高低压电器装配工	必备

3. 考核时长

110 min。

4. 评分细则（见表19）

表 19 电动机正反转运行电路装配与调试评分细则

评价项目		考核内容及评分标准	备注
操作过程及规范（20分）	作业前准备（10分）	（1）要求工具、材料准备齐全，规格型号相符，每缺或错一件扣 5 分； （2）要求安全防护项目齐全、防护操作规范，防护项目每缺一项扣 3 分，防护不规范每处扣 2 分； （3）按照清单检查元器件数量与质量，作业过程中提出更换元器件的，每个扣 2 分	（1）出现严重设备损坏、人身伤害，扣 40 分； （2）严重违反考场纪律，造成恶劣影响的，本大项记 0 分

续表

评价项目		考核内容及评分标准	备注
操作过程及规范（20分）	操作过程（10分）	（1）不会用仪表检查元器件好坏，每个扣5分； （2）操作不规范，酌情扣2～10分； （3）操作过程出现短路，每次扣5分； （4）装调流程不正确，扣5分；未及时记录装调数据，扣3分	（1）出现严重设备损坏、人身伤害，扣40分； （2）严重违反考场纪律，造成恶劣影响的，本大项记0分
实作结果及质量（60分）	工艺质量标准（30分）	（1）每少接一根线，扣1分； （2）导线未进入线槽，有跨接，每处扣1分，完成后每少盖一处盖板扣1分； （3）导线不经过端子板，每根扣1分；每个接线螺钉压接线超过两根，每处扣1分； （4）接点松动、接头露铜过长，每处扣0.5分； （5）布线不整齐美观，酌情扣1～5分	
	功能标准（30分）	（1）没有试车，扣30分； （2）每缺少一项功能（正转起动运行与反转起动运行、停止功能），扣10分； （3）没在规定时间内完成操作，每超过1 min扣2分，超过15 min考核立即停止	
职业素养（20分）	基本要求（10分）	（1）作业过程中，工具、仪表、设备等摆放不整齐，扣2分； （2）作业完成后，未整理工具、清洁工作现场，扣5分； （3）考试迟到，考核过程中做与考试无关的事，不服从考场安排，酌情扣1～5分	
	安全防护（10分）	（1）没有正确穿戴个人防护用品，扣5分； （2）作业过程中出现短路，扣10分	
合计	100分		

试题 1-2-2 电动机双重联锁正反转运行电路装配与调试

1. 任务描述

（1）能够正确地识读电气原理图（见图 5）。

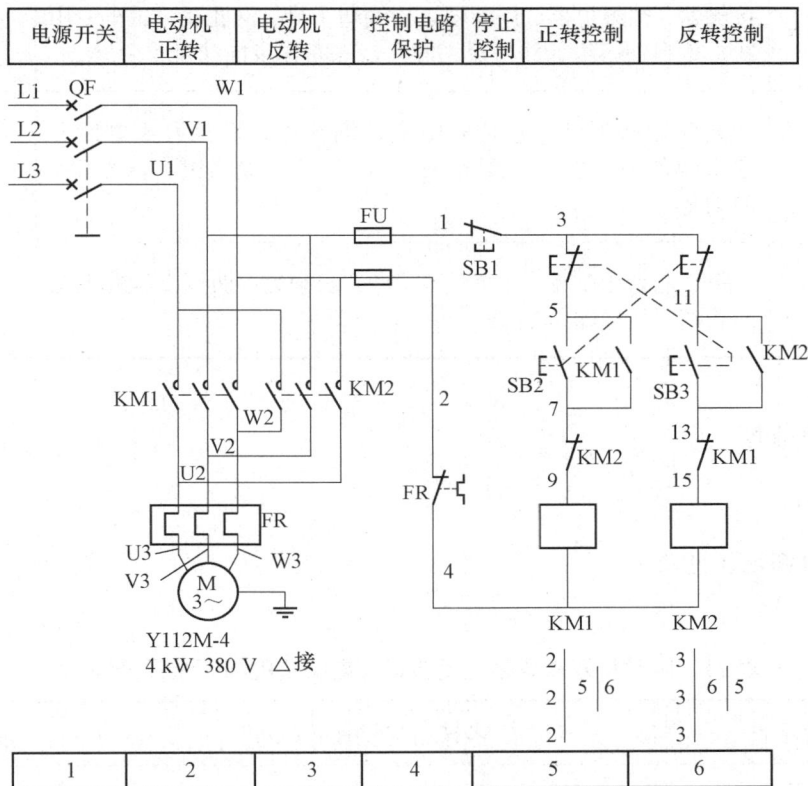

图 5 电动机双重联锁正反转运行电路装配与调试电气原理图

（2）能够按电气原理图要求进行元器件安装。

（3）能够按电气原理图要求进行布线与接线（现场不压端子）。

（4）进行通电调试。

（5）在考核过程中，注意人身和设备的安全。

2. 实施条件（见表 20）

表 20 电动机双重联锁正反转运行电路装配与调试实施条件

项目	基本实施条件	备注
场地	电气线路装配训练场，应满足以下条件： （1）30 人同时进行训练； （2）配置有三相四线交流电源～3×380/220 V、20 A	必备

续表

项目	基本实施条件	备注
设施设备	圆珠笔、个人防护用品、空气断路器、组合三联按钮、交流接触器、热继电器、熔断器、接线端子排、网孔板、试车专用线、塑料铜芯线、线槽板、螺丝、三相异步电动机	必备
工具	装配通用工具，包括验电笔、钢丝钳、螺丝刀（包括十字口螺丝刀、一字口螺丝刀）、电工刀、尖嘴钳、活扳手、剪刀等	必备
测评专家	每 3 名考生配备一名考评员。考评员须为中级以上维修电工或者高低压电器装配工	必备

3. 考核时长

120 min。

4. 评分细则（见表 21）

表 21　电动机双重联锁正反转运行电路装配与调试评分细则

评价项目		考核内容及评分标准	备注
操作过程及规范（20分）	作业前准备（10分）	（1）要求工具、材料准备齐全，规格型号相符，每缺或错一件扣 5 分； （2）要求安全防护项目齐全、防护操作规范，防护项目每缺一项扣 3 分，防护不规范每处扣 2 分； （3）按照清单检查元器件数量与质量，作业过程中提出更换元器件的，每个扣 2 分	（1）出现严重设备损坏、人身伤害，扣 40 分； （2）严重违反考场纪律，造成恶劣影响的，本大项记 0 分
	操作过程（10分）	（1）不会用仪表检查元器件好坏，每个扣 5 分； （2）操作不规范，酌情扣 2～10 分； （3）操作过程出现短路，每次扣 5 分； （4）装调流程不正确，扣 5 分；未及时记录装调数据，扣 3 分	

评价项目		考核内容及评分标准	备注
实作结果及质量（60分）	工艺质量标准（30分）	（1）每少接一根线，扣 1 分； （2）导线未进入线槽，有跨接，每处扣 1 分； （3）导线不经过端子板，每根线扣 1 分；每个接线螺钉压接线超过两根，每处扣 1 分； （4）接点松动、接头露铜过长，每处扣 0.5 分； （5）布线不整齐美观，酌情扣 1～5 分； （6）完成后每少盖一处盖板扣 1 分	（1）出现严重设备损坏、人身伤害，扣 40 分； （2）严重违反考场纪律，造成恶劣影响的，本大项记 0 分
	功能标准（30分）	（1）没有试车，扣 30 分； （2）每缺少一项功能（双重联锁、正转功能、反转功能、停止功能），扣 7 分； （3）没在规定时间内完成操作，每超过 1 min 扣 2 分，超过 15 min 考核立即停止	
职业素养（20分）	基本要求（10分）	（1）作业过程中，工具、仪表、设备等摆放不整齐，扣 2 分； （2）作业完成后，未整理工具、清洁工作现场，扣 5 分； （3）考试迟到，考核过程中做与考试无关的事，不服从考场安排，酌情扣 1～5 分	
	安全防护（10分）	（1）没有正确穿戴个人防护用品，扣 5 分； （2）作业过程中出现短路扣 10 分	
合计	100 分		

试题 1-2-3　两台电动机顺序起动电路装配与调试

1. 任务描述

（1）能够正确地识读电气原理图（见图 6）。

（2）能够按电气原理图要求进行元器件安装。

（3）能够按电气原理图要求进行布线与接线（现场不压端子）。

（4）进行通电调试。

（5）在考核过程中，注意人身和设备的安全。

| 电源开关 | 第一台电动机运行 | 第二台电动机运行 | 保护电路 | 第一台电动机起动 | 第二台电动机起动 |

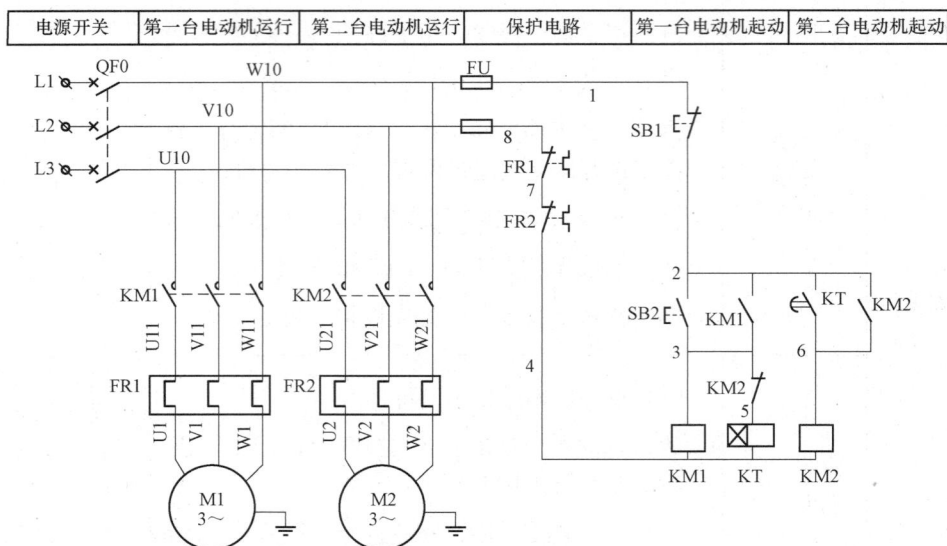

图6　两台电动机顺序起动电路装配与调试电气原理图

2. 实施条件（见表22）

表22　两台电动机顺序起动电路装配与调试实施条件

项目	基本实施条件	备注
场地	电气线路装配训练场，应满足以下条件： （1）能满足30人同时进行训练； （2）配置有三相四线交流电源～3×380/220 V、20 A	必备
设施设备	圆珠笔、个人防护用品、空气断路器、组合三联按钮、交流接触器、热继电器、熔断器、接线端子排、网孔板、试车专用线、时间继电器、塑料铜芯线、线槽板、螺丝、三相异步电动机	必备
工具	装配通用工具，包括验电笔、钢丝钳、螺丝刀（包括十字口螺丝刀、一字口螺丝刀）、电工刀、尖嘴钳、活扳手、剪刀等	必备
测评专家	每3名考生配备一名考评员。考评员须为中级以上维修电工或者高低压电器装配工	必备

3. 考核时长

120 min。

4. 评分细则（见表 23）

表 23　两台电动机顺序起动电路装配与调试评分细则

评价项目		考核内容及评分标准	备注
操作过程及规范（20 分）	作业前准备（10 分）	（1）要求工具、材料准备齐全，规格型号相符，每缺或错一件扣 5 分； （2）要求防护项目齐全、防护操作规范，防护项目每缺一项扣 3 分，防护不规范每处扣 2 分 （3）按照清单检查元器件数量与质量，作业过程中提出更换元器件的，每个扣 2 分	（1）出现严重设备损坏、人身伤害，扣 40 分； （2）严重违反考场纪律，造成恶劣影响的，本大项记 0 分
	操作过程（10 分）	（1）不会用仪表检查器件好坏，每个扣 5 分； （2）操作不规范，酌情扣 2～5 分； （3）操作过程中出现短路，每次扣 5 分； （4）装调流程不正确，扣 5 分；未及时记录装调数据，扣 3 分	
实作结果及质量（60 分）	工艺质量标准（30 分）	（1）热继电器没整定值或整定值错误，各扣 3 分； （2）控制电路配错熔体，每个扣 3 分； （3）导线未进入线槽，有跨接，每处扣 1 分，不整齐美观的酌情扣 1～5 分； （4）导线不经过端子板，每根线扣 1 分；每个接线螺钉压接线超过两根，每处扣 1 分； （5）接点松动、接头露铜过长，标记线号不清楚、遗漏或误标，每处扣 0.5 分； （6）损伤导线绝缘，每处扣 2 分； （7）导线乱线敷设，酌情扣 2～5 分； （8）完成后每少盖一处盖板，扣 2 分； （9）每少接一根线，扣 1 分	

续表

评价项目		考核内容及评分标准	备注
实作结果及质量（60分）	功能标准（30分）	（1）没有试车，扣30分； （2）每缺少一项功能（M1起动、M2延时起动、停止），扣10分； （3）没在规定时间内完成操作，每超过1 min扣2分，超过15 min考核立即停止	（1）出现严重设备损坏、人身伤害，扣40分； （2）严重违反考场纪律，造成恶劣影响的，本大项记0分
职业素养（20分）	基本要求（10分）	（1）操作过程中工具、仪表、设备等摆放不整齐，扣2分； （2）作业完成后，未整理工具、清洁工作现场，扣5分； （3）考试迟到，考核过程中做与考试无关的事，不服从考场安排，酌情扣1~5分	
	安全防护（10分）	（1）没有正确穿戴个人防护用品，扣5分； （2）作业过程中出现短路，扣10分	
合计	100分		

试题1-2-4 电动机星-三角手动控制电路装配与调试

1. 任务描述

（1）能够正确地识读电气原理图（见图7）。

（2）能够按电气原理图要求进行元器件安装。

（3）能够按电气原理图要求进行布线与接线（现场不压接线端子）。

（4）进行通电调试。

（5）在考核过程中，注意人身和设备的安全。

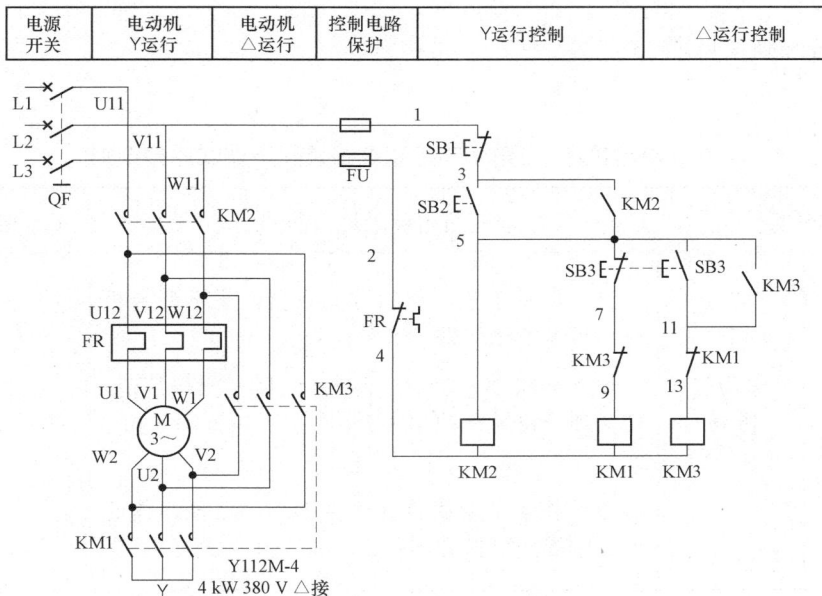

图 7　电动机星-三角手动控制电路装配与调试电气原理图

2. 实施条件（见表 24）

表 24　电动机星-三角手动控制电路装配与调试实施条件

项目	基本实施条件	备注
场地	电气线路装配训练场，应满足以下条件： （1）能满足 30 人同时进行训练； （2）配置有三相四线交流电源～3×380/220 V、20 A	必备
设施设备	圆珠笔、个人防护用品、空气断路器、组合三联按钮、交流接触器、热继电器、熔断器、接线端子排、网孔板、试车专用线、塑料铜芯线、线槽板、三相异步电动机	必备
工具	装配通用工具，包括验电笔、钢丝钳、螺丝刀（包括十字口螺丝刀、一字口螺丝刀）、电工刀、尖嘴钳、活扳手、剪刀等	必备
测评专家	每 3 名考生配备一名考评员。考评员须为中级以上维修电工或者高低压电器装配工	必备

3. 考核时长

130 min。

4. 评分细则（见表 25）

表 25　电动机星-三角手动控制电路装配与调试评分细则

评价项目		考核内容及评分标准	备注
操作过程及规范（20分）	作业前准备（10分）	（1）要求工具、材料准备齐全，规格型号相符，每缺或错一件扣 5 分； （2）要求安全防护项目齐全、防护操作规范，防护项目每缺一项扣 3 分，防护不规范每处扣 2分； （3）按照清单检查元器件数量与质量，作业过程中提出更换元器件的，每个扣 2 分	（1）出现严重设备损坏、人身伤害，扣 40分； （2）严重违反考场纪律，造成恶劣影响的，本大项记 0 分
	操作过程（10分）	（1）不会用仪表检查器件好坏，每个扣 5 分； （2）操作不规范，酌情扣 2～10 分； （3）操作过程出现短路，每次扣 5 分； （4）装调流程不正确，扣 5 分；未及时记录装调数据，扣 3 分	
实作结果及质量（60分）	工艺质量标准（30分）	（1）每少接一根线，扣 1 分； （2）导线未进入线槽，有跨接，每处扣 1 分； （3）导线不经过端子板，每根线扣 1 分；每个接线螺钉压接线超过两根，每处扣 1 分； （4）接点松动、接头露铜过长，每处扣 0.5分； （5）布线不整齐美观，酌情扣 1～5 分； （6）完成后每少盖一处盖板，扣 1 分	
	功能标准（30分）	（1）没有试车，扣 30 分； （2）每缺少一项功能（星形起动、三角形运行、停止功能），扣 10 分； （3）没在规定时间内完成操作，每超过 1 min扣 2 分，超过 15 min 考核立即停止	

续表

评价项目		考核内容及评分标准	备注
职业素养（20分）	基本要求（10分）	（1）作业过程中，工具、仪表、设备等摆放不整齐，扣2分； （2）作业完成后，未整理工具、清洁工作现场，扣5分； （3）考试迟到，考核过程中做与考试无关的事，不服从考场安排，酌情扣1~5分	（1）出现严重设备损坏、人身伤害，扣40分； （2）严重违反考场纪律，造成恶劣影响的，本大项记0分
	安全防护（10分）	（1）没有正确穿戴个人防护用品，扣5分； （2）作业过程中出现短路扣10分	
合计	100分		

试题 1-2-5　电动机顺序起动与逆向停止电路装配与调试

1. 任务描述

（1）能够正确地识读电气原理图（见图8）。

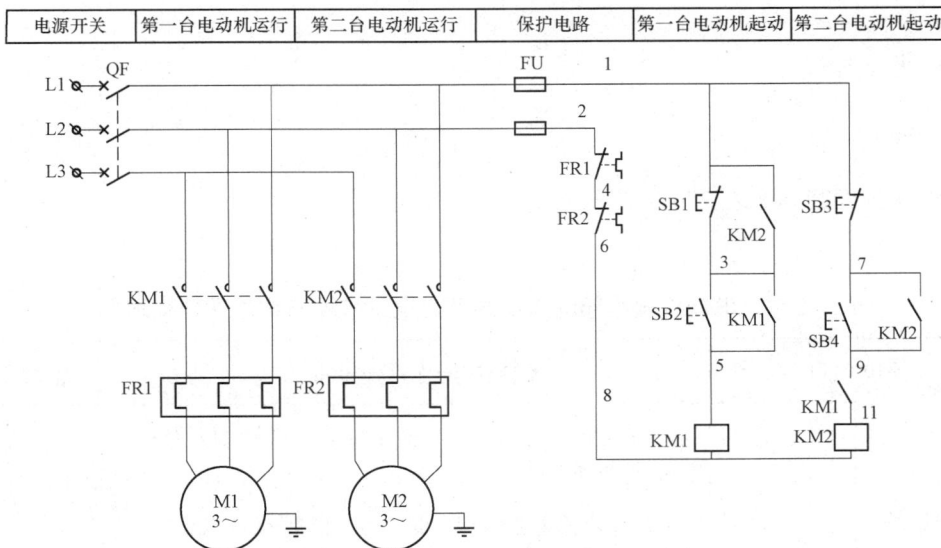

图8　电动机顺序起动与逆向停止电路装配与调试电气原理图

（2）能够按电气原理图的要求进行元器件安装。

（3）能够按电气原理图的要求进行布线与接线（考生现场不压端子）。

（4）进行通电调试。

（5）在考核过程中，注意人身和设备的安全。

2. 实施条件（见表 26）

表 26　电动机顺序起动与逆向停止电路装配与调试实施条件

项目	基本实施条件	备注
场地	电气线路装配训练场，应满足以下条件： （1）能满足 30 人同时进行训练； （2）配置有三相四线交流电源～3×380/220 V、20 A	必备
设施设备	圆珠笔、个人防护用品、空气断路器、组合三联按钮、交流接触器、热继电器、熔断器、接线端子排、网孔板、试车专用线、塑料铜芯线、线槽板、螺丝、三相异步电动机	必备
工具	装配通用工具，包括验电笔、钢丝钳、螺丝刀（包括十字口螺丝刀、一字口螺丝刀）、电工刀、尖嘴钳、活扳手、剪刀等	必备
测评专家	每 3 名考生配备一名考评员。考评员须为中级以上维修电工或者高低压电器装配工	必备

3. 考核时长

150 min。

4. 评分细则（见表 27）

表 27　电动机顺序起动与逆向停止电路装配与调试评分细则

评价项目		考核内容及评分标准	备注
操作过程及规范（20 分）	作业前准备（10 分）	（1）要求工具、材料准备齐全，规格型号相符，每缺或错一件扣 5 分； （2）要求安全防护项目齐全、防护操作规范，防护项目每缺一项扣 3 分，防护不规范每处扣 2 分； （3）按照清单检查元器件数量与质量，作业过程中提出更换元器件的，每个扣 2 分	（1）出现严重设备损坏、人身伤害，扣 40 分； （2）严重违反考场纪律，造成恶劣影响的，本大项记 0 分

评价项目		考核内容及评分标准	备注
操作过程及规范（20分）	操作过程（10分）	（1）不会用仪表检查元器件好坏，每个扣5分； （2）操作不规范，酌情扣2～10分； （3）操作过程出现短路，每次扣5分； （4）装调流程不正确，扣5分；未及时记录装调数据，扣3分	（1）出现严重设备损坏、人身伤害，扣40分； （2）严重违反考场纪律，造成恶劣影响的，本大项记0分
实作结果及质量（60分）	工艺质量标准（30分）	（1）每少接一根线，扣1分； （2）导线未进入线槽，有跨接，每处扣1分； （3）导线不经过端子板，每根线扣1分；每个接线螺钉压接线超过两根，每处扣1分； （4）接点松动、接头露铜过长，每处扣0.5分； （5）配线不整齐美观，酌情扣1～5分； （6）完成后每少盖一处盖板，扣1分	
	功能标准（30分）	（1）没有试车，扣30分； （2）每缺少一项功能（M1起动、M2顺序起动、M2停止、M1逆向停止功能），每处扣7分； （3）没在规定时间内完成操作，每超过1 min扣2分，超过15 min考核立即停止	
职业素养（20分）	基本要求（10分）	（1）作业过程中，工具、仪表、设备等摆放不整齐，扣2分； （2）作业完成后，未整理工具、清洁工作现场，扣5分； （3）考试迟到，考核过程中做与考试无关的事，不服从考场安排，酌情扣1～5分	
	安全防护（10分）	（1）没有正确穿戴个人防护用品，扣5分； （2）作业过程中出现短路，扣10分	
合计	100分		

试题 1-2-6   电动机能耗制动电路装配与调试

1. 任务描述

（1）能够正确地识读电气原理图（见图9）。

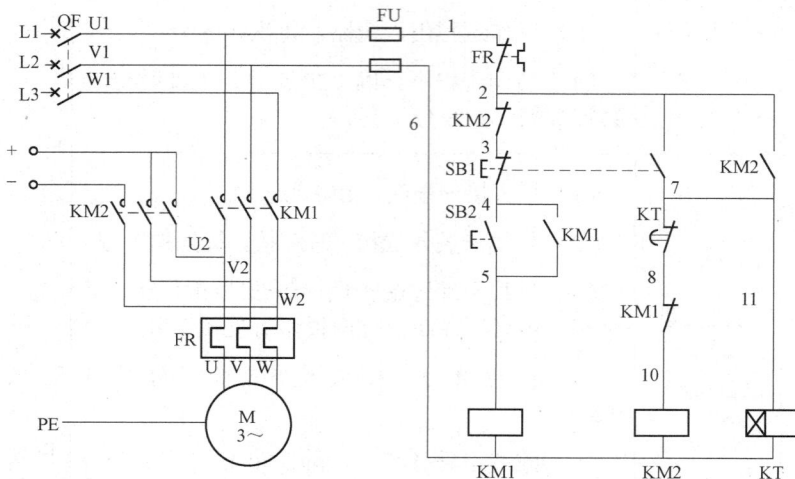

图 9   电动机能耗制动电路装配与调试电气原理图

（2）能够按电气原理图的要求进行元器件安装。

（3）能够按电气原理图的要求进行布线与接线（现场不压端子）。

（4）进行通电调试。

（5）在考核过程中，注意人身和设备的安全。

2. 实施条件（见表28）

表 28   电动机能耗制动电路装配与调试实施条件

项目	基本实施条件	备注
场地	电气线路装配训练场，应满足以下条件： （1）能满足30人同时进行训练； （2）配置有三相四线交流电源～3×380/220 V、20 A	必备
设施设备	圆珠笔、个人防护用品、空气断路器、组合三联按钮、交流接触器、热继电器、熔断器、接线端子排、网孔板、时间继电器、试车专用线、塑料铜芯线、线槽板、螺丝、三相异步电动机	必备

续表

项目	基本实施条件	备注
工具	装配通用工具，包括验电笔、钢丝钳、螺丝刀（包括十字口螺丝刀、一字口螺丝刀）、电工刀、尖嘴钳、活扳手、剪刀等	必备
测评专家	每 3 名考生配备一名考评员。考评员须为中级以上维修电工或者高低压电器装配工	必备

3. 考核时长

120 min。

4. 评分细则（见表 29）

表 29　电动机能耗制动电路装配与调试评分细则

评价项目		考核内容及评分标准	备注
操作过程及规范（20分）	作业前准备（10分）	（1）要求工具、材料准备齐全，规格型号相符，每缺或错一件扣 5 分； （2）要求安全防护项目齐全、防护操作规范，防护项目每缺一项扣 3 分，防护不规范每处扣 2 分； （3）按照清单检查元器件数量与质量，作业过程中提出更换器件的，每个扣 2 分	（1）出现严重设备损坏、人身伤害，扣 40 分； （2）严重违反考场纪律，造成恶劣影响的，本大项记 0 分
	操作过程（10分）	（1）不会用仪表检查器件好坏，每个扣 5 分； （2）操作不规范，酌情扣 2～10 分； （3）操作过程中出现短路，每次扣 5 分； （4）装调流程不正确，扣 5 分；未及时记录装调数据，扣 3 分	
实作结果及质量（60分）	工艺质量标准（30分）	（1）每少接一根线，扣 1 分； （2）导线未进入线槽，有跨接，每处扣 1 分； （3）导线不经过端子板，每根线扣 1 分；每个接线螺钉压接线超过两根，每处扣 1 分； （4）接点松动、接头露铜过长，每处扣 0.5 分； （5）布线不整齐美观，酌情扣 1～5 分； （6）完成后每少盖一处盖板，扣 1 分	

续表

评价项目		考核内容及评分标准	备注
实作结果及质量（60分）	功能标准（30分）	（1）没有试车，扣30分； （2）每缺少一项功能（正转运行、能耗制动、延时功能、停止功能），扣7分； （3）没在规定时间内完成操作，每超过1 min扣2分，超过15 min考核立即停止	（1）出现严重设备损坏、人身伤害，扣40分； （2）严重违反考场纪律，造成恶劣影响的，本大项记0分
职业素养（20分）	基本要求（10分）	（1）作业过程中，工具、仪表、设备等摆放不整齐，扣2分； （2）作业完成后，未整理工具、清洁工作现场，扣5分； （3）考试迟到，考核过程中做与考试无关的事，不服从考场安排，酌情扣1～5分	
	安全防护（10分）	（1）没有正确穿戴个人防护用品，扣5分； （2）作业过程中出现短路，扣10分	
合计	100分		

模块2　常用机械零件的加工

项目1　孔类零件的加工

试题2-1-1　螺纹孔加工（一）

1. 任务描述

现有一件工件（见图10），需要按规定的图样（见图11）进行划线、钻孔、攻丝，以满足工件图样的要求。

单位：mm

其余 $\sqrt{Ra3.2}$

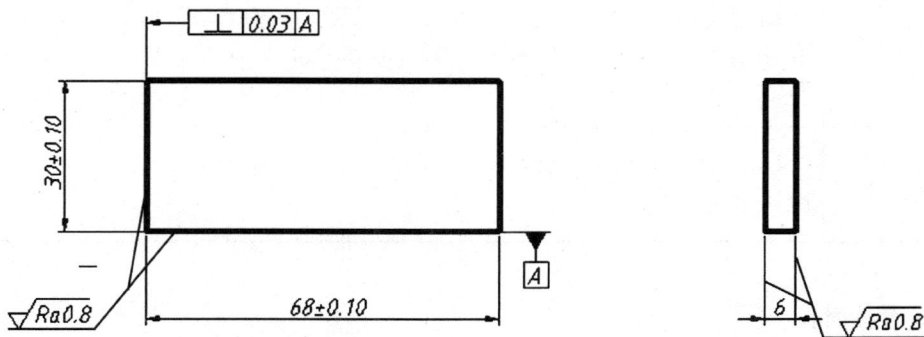

图10 螺纹孔加工（一）备料图

单位：mm

其余 $\sqrt{Ra3.2}$

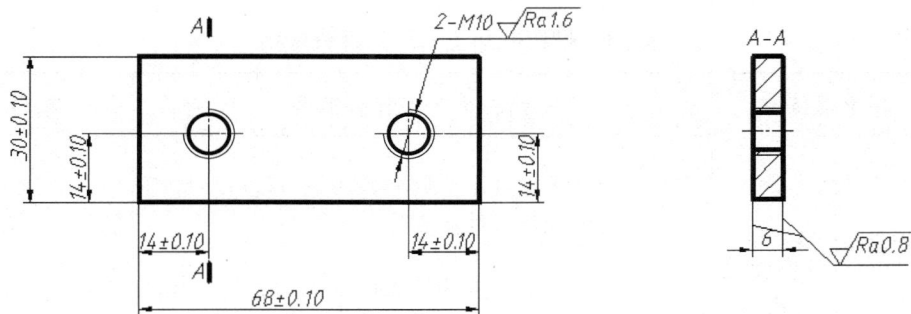

图11 螺纹孔加工（一）安装板

2. 实施条件（见表30）

表30 螺纹孔加工（一）实施条件

项目	基本实施条件	备注
场地	可同时容纳12人进行划线、钻孔、攻丝的钳工工作场地，照明通风良好	必备
设施	划线平台、方箱或V形块、台式钻床、钻夹头、钻钥匙、平口钳、台虎钳	必备
材料	45#钢板、划线涂料、冷却液	必备

项目	基本实施条件	备注
工具	高度游标尺、钢直尺、游标卡尺、万能角度尺、直柄麻花钻头、丝攻、活络绞杆、样冲、榔头、划线规、抹布等	必备
测评专家	每 3 名考生配备一名考评员，要求考评员为中级以上装配钳工或者工具钳工	必备

3. 考核时长

70 min。

4. 评分细则（见表 31）

表 31　螺纹孔加工（一）评分细则

评价项目		考核内容及评分标准	备注
操作过程及规范（30分）	作业前准备（10分）	（1）要求工具、材料准备齐全，规格型号相符，每缺或错一件扣 5 分； （2）要求安全防护项目齐全、防护操作规范，防护项目每缺一项扣 3 分，防护不规范每处扣 2 分； （3）未检查待加工毛坯的外观状况，扣 5 分	（1）出现严重设备损坏、人身伤害，扣 40 分； （2）严重违反考场纪律，造成恶劣影响的，本大项记 0 分
	操作过程（20分）	（1）按照规定图样，清晰、准确地划出工件加工的尺寸样线，划出的工件样线不清晰每处扣 2 分； （2）按照划出的尺寸样线钻孔，未按规定钻孔，每处扣 10 分； （3）按照规定图样攻丝，未按规定攻丝每处扣 10 分； （4）损坏工具、材料每件次扣 10 分	

续表

评价项目		考核内容及评分标准	备注
实作结果及质量 （50分）		（1）螺纹符合要求：M10，不合格扣10分； （2）孔表面粗糙度符合要求：*Ra*1.6，粗糙度值大一级扣10分； （3）孔定位距符合尺寸及精度要求：（14±0.10）mm，每超差0.05 mm扣1分，直到扣完本项分为止； （4）时间控制合理，规定总时间70 min，每超过3 min扣5分，超时10 min考核立即停止，未完成者扣20分	（1）出现严重设备损坏、人身伤害，扣40分； （2）严重违反考场纪律，造成恶劣影响的，本大项记0分
职业素养 （20分）	基本要求 （10分）	（1）考试迟到，考核过程中做与考试无关的事，不服从考场安排，酌情扣1～10分； （2）整齐摆放工量具，任务完成后整理工作台面，并符合6S管理要求。工量具乱丢、乱放，考完工位不清洁，扣5分	
	安全防护 （10分）	（1）没有正确穿戴个人防护用品，扣5分； （2）不遵守劳动安全规程，酌情扣5～10分	
合计	100分		

试题 2-1-2　螺纹孔加工（二）

1. 任务描述

现有一件工件（见图12），需要按规定的图样（见图13）进行划线、钻孔、攻丝，以满足工件图样的要求。

单位：mm

其余 $\sqrt{Ra3.2}$

⊥ 0.03 A

50 ± 0.08

50 ± 0.08

$\sqrt{Ra0.8}$

A

6

$\sqrt{Ra0.8}$

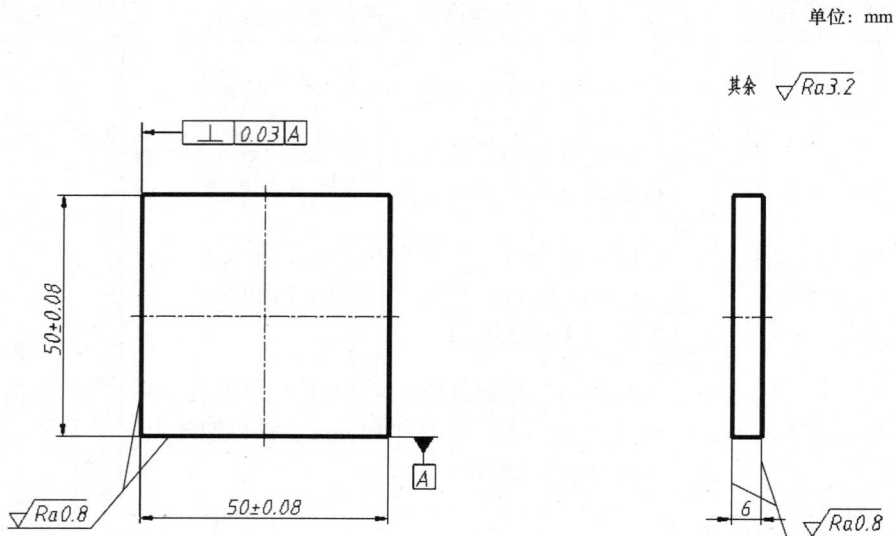

图 12　螺纹孔加工（二）备料图

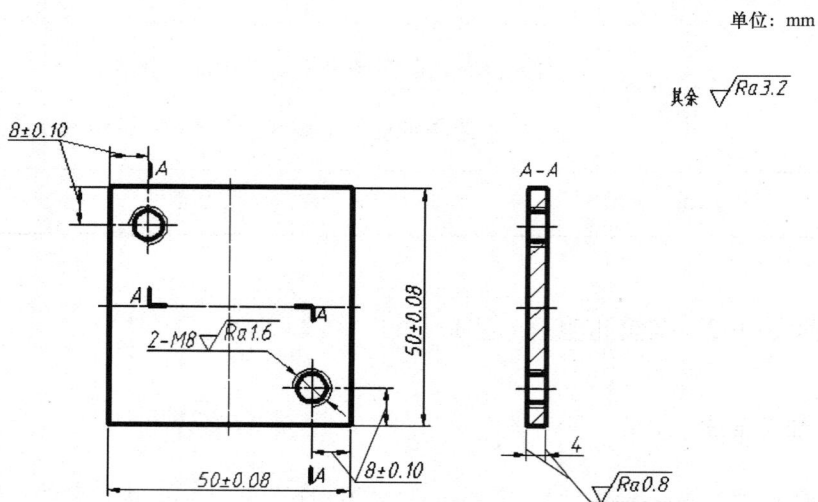

单位：mm

其余 $\sqrt{Ra3.2}$

8 ± 0.10

A

50 ± 0.08

A

2-M8 $\sqrt{Ra1.6}$

50 ± 0.08

8 ± 0.10

A—A

4

$\sqrt{Ra0.8}$

图 13　螺纹孔加工（二）四方定位板

2. 实施条件（见表 32）

表 32　螺纹孔加工（二）实施条件

项目	基本实施条件	备注
场地	可同时容纳 12 人进行划线、钻孔、攻丝的钳工工作场地，照明通风良好	必备
设施	划线平台、方箱或 V 形块、台式钻床、钻夹头、钻钥匙、平口钳、台虎钳	必备
材料	45#钢板、划线涂料、冷却液	必备
工具	高度游标尺、钢直尺、游标卡尺、万能角度尺、直柄麻花钻头、丝攻、活络绞杆、样冲、榔头、划线规、抹布等	必备
测评专家	每 3 名考生配备一名考评员，考评员为中级以上装配钳工或者工具钳工	必备

3. 考核时长

70 min。

4. 评分细则（见表 33）

表 33　螺纹孔加工（二）评分细则

评价项目		考核内容及评分标准	备注
操作过程及规范（30 分）	作业前准备（10 分）	（1）要求工具、材料准备齐全，规格型号相符，每缺或错一件扣 5 分； （2）要求安全防护项目齐全、防护操作规范，防护项目每缺一项扣 3 分，防护不规范每处扣 2 分； （3）未检查待加工毛坯的外观状况，扣 5 分	（1）出现严重设备损坏、人身伤害，扣 40 分； （2）严重违反考场纪律，造成恶劣影响的，本大项记 0 分
	操作过程（20 分）	（1）按照规定图样，清晰、准确地划出工件加工的尺寸样线，尺寸样线不清晰每处扣 2 分； （2）按照划出的尺寸样线钻孔，未按规定钻孔每处扣 10 分； （3）按照规定图样攻丝，未按规定攻丝每处扣 10 分； （4）损坏工具、材料每件次扣 10 分	

续表

评价项目		考核内容及评分标准	备注
实作结果及质量 （50 分）		（1）螺纹符合要求：M8，不合格扣 15 分； （2）孔表面粗糙度符合要求：$Ra1.6$，粗糙度值大一级扣 10 分； （3）孔定位距符合尺寸及精度要求：（8±0.10）mm，每超差 0.05 mm 扣 1 分，直到扣完本项分为止； （4）时间控制合理，规定总时间 70 min，每超过 3 min 扣 5 分，超时 10 min 考核立即停止，未完成者扣 20 分	（1）出现严重设备损坏、人身伤害，扣 40 分； （2）严重违反考场纪律，造成恶劣影响的，本大项记 0 分
职业素养 （20 分）	基本要求 （10 分）	（1）考试迟到，考核过程中做与考试无关的事，不服从考场安排，酌情扣 1～10 分 （2）整齐摆放工量具，任务完成后整理工作台面，并符合 6S 管理要求。工量具乱丢、乱放，考完工位不清洁，扣 5 分	
	安全防护 （10 分）	（1）没有正确穿戴个人防护用品，扣 5 分； （2）不遵守劳动安全规程，酌情扣 5～10 分	
合计	100 分		

试题 2-1-3　工件测量

1. 任务描述

现有两种不同工件，需要按规定的图样（见图 14、图 15）进行测量，以检测工件是否满足工件图样的要求。

单位：mm

其余 $\sqrt{Ra3.2}$

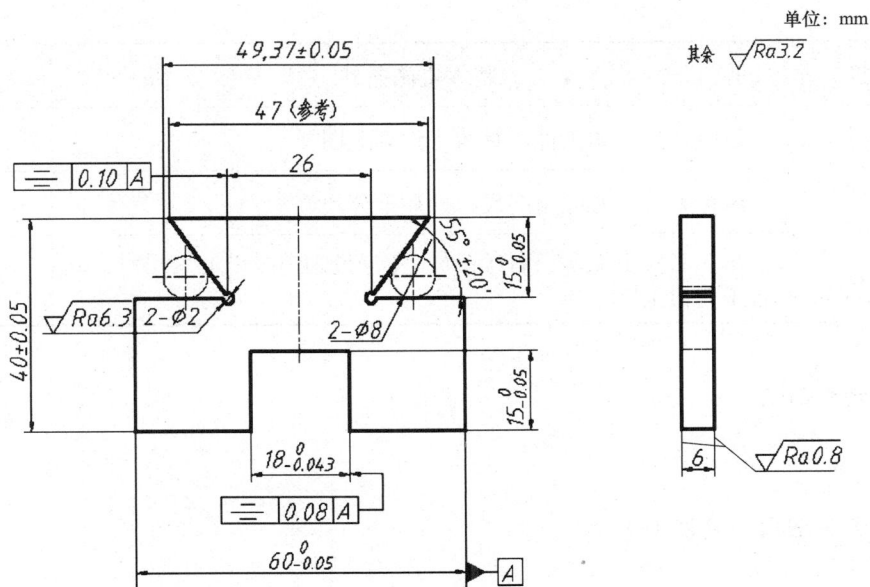

图 14 工件凹槽燕尾

单位：mm

其余 $\sqrt{Ra3.2}$

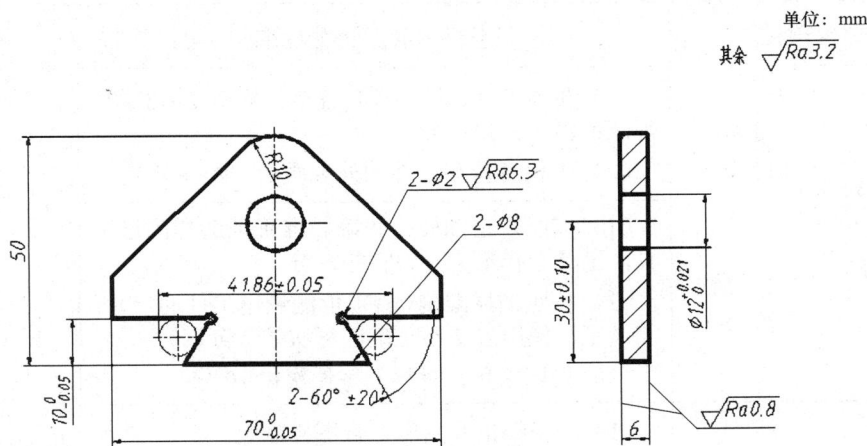

图 15 工件圆弧燕尾板

2. 实施条件（见表 34）

表 34 工件测量实施条件

项目	基本实施条件	备注
场地	可同时容纳 12 人进行测量的钳工工作场地，照明通风良好	必备
设施	划线平台、方箱或 V 形块	必备

项目	基本实施条件	备注
材料	已经加工好的工件，具体工件详见图样	必备
工具	游标卡尺、万能角度尺、外径千分尺等	必备
测评专家	每3名考生配备一名考评员，考评员为中级以上装配钳工或者工具钳工	必备

3. 考核时长

70 min。

4. 评分细则（见表35）

表35　工件测量评分细则

评价项目		考核内容及评分标准	备注
操作过程及规范（30分）	作业前准备（10分）	（1）要求工具、材料准备齐全，规格型号相符，每缺或错一件扣5分； （2）未检查待测工件的外观质量，扣5分	（1）出现严重设备损坏、人身伤害，扣40分； （2）严重违反考场纪律，造成恶劣影响的，本大项记0分
	操作过程（20分）	（1）按照规定图样，正确、准确地选择测量工具，工具选择不正确每件扣5分； （2）按照图样准确、规范地测量出工件的尺寸，测量工具使用方法不正确，每次扣2分； （3）损坏工具、材料，每件次扣10分	
实作结果及质量（50分）		（1）测量结果及精度符合图样规定： （49.37±0.05）mm：误差每超0.01 mm扣2分； $18_{-0.043}^{0}$ mm：误差每超0.02 mm扣1分； $15_{-0.05}^{0}$ mm（2处）：误差每超0.02 mm扣1分； （40±0.05）mm：误差每超0.01 mm扣1分； 55°±20′（2处）：测量误差2′扣2分； 0.08 mm：测量误差每超0.01 mm扣2分； 0.10 mm：测量误差每超0.01 mm扣2分。 说明：扣完本项分为止。 （2）时间控制合理，每超过规定总时间3 min扣5分，超时10 min考核立即停止，未完成者扣20分	

续表

评价项目		考核内容及评分标准	备注
职业素养 （20分）	基本要求 （10分）	（1）考试迟到，考核过程中做与考试无关的事，不服从考场安排，酌情扣1～10分； （2）整齐摆放工量具，任务完成后整理工作台面，并符合6S管理要求。工量具乱丢、乱放，考完工位不清洁，扣5分	（1）出现严重设备损坏、人身伤害，扣40分； （2）严重违反考场纪律，造成恶劣影响的，本大项记0分
	安全防护 （10分）	（1）没有正确穿戴个人防护用品，扣5分； （2）不遵守劳动安全规程，酌情扣5～10分	
合计	100分		

试题 2-1-4　带孔三角尺综合加工

1. 任务描述

现有一件工件，需要按规定的图样（见图16、图17）进行划线、锯割、锉削、钻孔加工，以满足工件图样的要求。

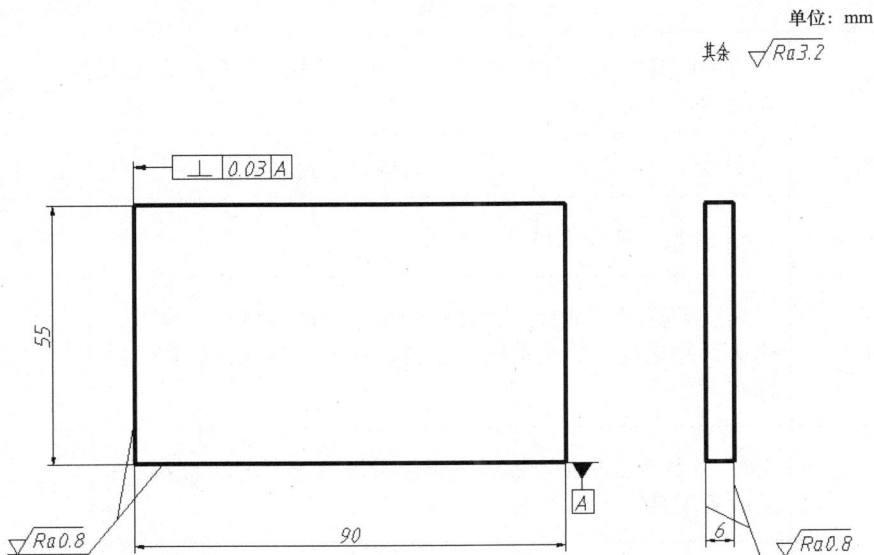

图 16　带孔三角尺综合加工备料图

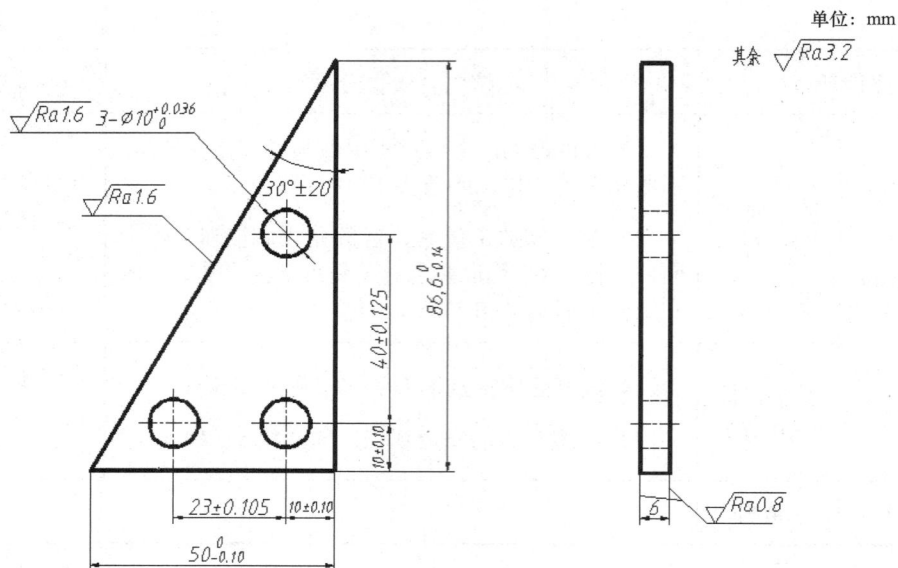

图 17 三角尺

2. 实施条件（见表 36）

表 36 带孔三角尺综合加工实施条件

项目	基本实施条件	备注
场地	可同时容纳 12 人进行划线、锯割、锉削、钻孔的钳工工作场地，照明通风良好	必备
设施	划线平台、方箱或 V 形块、台虎钳、台钻、平口钳	必备
材料	45#钢板，划线涂料	必备
工具	高度游标尺、钢直尺、游标卡尺、万能角度尺、样冲、榔头、划线规、手用钢锯、锯条、锉刀、麻花钻、铰刀、抹布等	必备
测评专家	每 3 名考生配备一名考评员，考评员为中级以上装配钳工或者工具钳工	必备

3. 考核时长

120 min。

4. 评分细则（见表 37）

表 37　带孔三角尺综合加工评分细则

评价项目		考核内容及评分标准	备注
操作过程及规范（30分）	作业前准备（10分）	（1）要求工具、材料准备齐全，规格型号相符，每缺或错一件扣 5 分； （2）要求安全防护项目齐全、防护操作规范，防护项目每缺一项扣 3 分，防护不规范每处扣 2 分； （3）未检查待加工毛坯的外观情况，扣 5 分	（1）出现严重设备损坏、人身伤害，扣 40 分； （2）严重违反考场纪律，造成恶劣影响的，本大项记 0 分
	操作过程（20分）	（1）按照规定图样，清晰、准确地划出工件加工的尺寸样线，尺寸样线不清晰每处扣 2 分； （2）按照划出的尺寸样线锯割，未按规定锯割每处扣 5 分； （3）按照划出的尺寸样线钻孔，未按规定钻孔每处扣 5 分； （4）按照图样规定进行锉削孔，未按规定锉削孔每处扣 5 分； （5）损坏工具、材料每件次扣 10 分	
实作结果及质量（50分）		（1）尺寸及精度符合要求： $50_{-0.10}^{\ 0}$ mm：每超差 0.01 mm 扣 1 分； $86.6_{-0.14}^{\ 0}$ mm：每超差 0.01 mm 扣 1 分。 （2）角度及精度符合要求： $30°\pm20'$：每超差 5′ 扣 5 分。 （3）粗糙度符合要求： $Ra1.6$（含孔 3 处，共 4 处）：粗糙度值每大一级扣 3 分。 （4）定位距离符合尺寸及精度要求： （10±0.10）mm（3 处）：每处每超差 0.01 mm 扣 1 分。 （5）内孔尺寸及精度符合要求： $\phi10_{0}^{+0.036}$ mm（3 处）：每处超差扣 4 分。 （6）中心距尺寸及精度符合要求： （23±0.105）mm：每超差 0.01 mm 扣 1 分； （40±0.125）mm：每超差 0.01 mm 扣 1 分； （7）时间控制合理。每超过规定总时间 3 min 扣 5 分，超时 10 min 考核立即停止，未完成者扣 20 分	

续表

评价项目		考核内容及评分标准	备注
职业素养（20分）	基本要求（10分）	（1）考试迟到，考核过程中做与考试无关的事，不服从考场安排，酌情扣 1～10 分； （2）整齐摆放工量具，任务完成后整理工作台面，并符合 6S 管理要求。工量具乱丢、乱放，考完工位不清洁，扣 5 分	（1）出现严重设备损坏、人身伤害，扣 40 分； （2）严重违反考场纪律，造成恶劣影响的，本大项记 0 分
	安全防护（10分）	（1）没有正确穿戴个人防护用品，扣 5 分； （2）不遵守劳动安全规程，酌情扣 5～10 分	
合计	100 分		

项目 2　板类零件的加工

试题 2-2-1　阶梯板加工

1. 任务描述

现有一件工件（见图 18），需要按规定的图样（见图 19）进行划线、锯割、锉削，以满足工件图样的要求。

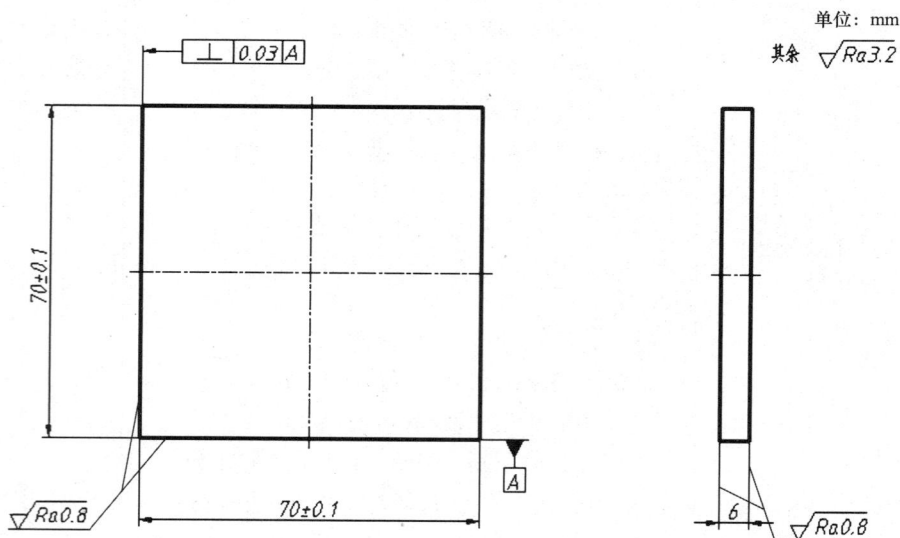

图 18　阶梯板加工备料图

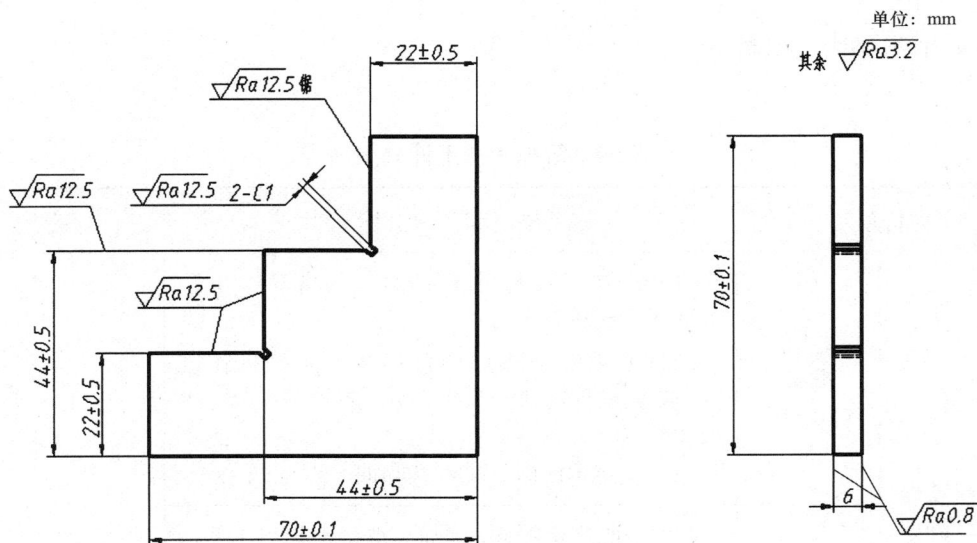

图 19　阶梯板图样

2. 实施条件（见表 38）

表 38　阶梯板加工实施条件

项目	基本实施条件	备注
场地	可同时容纳 12 人进行划线、锯割、锉削的钳工工作场地，照明通风良好	必备
设施	划线平台、方箱或 V 形块、台虎钳	必备
材料	45#钢板，划线涂料	必备
工具	高度游标尺、钢直尺、游标卡尺、万能角度尺、样冲、榔头、划线规、手用钢锯、锯条、锉刀、抹布等	必备
测评专家	每 3 名考生配备一名考评员，考评员为中级以上装配钳工或者工具钳工	必备

3. 考核时长

110 min。

4. 评分细则（见表39）

表39　阶梯板加工评分细则

评价项目		考核内容及评分标准	备注
操作过程及规范（30分）	作业前准备（10分）	（1）要求工具、材料准备齐全，规格型号相符，每缺或错一件扣5分； （2）要求安全防护项目齐全、防护操作规范，防护项目每缺一项扣3分，防护不规范每处扣2分； （3）未检查待加工毛坯的外观状况，扣5分	（1）出现严重设备损坏、人身伤害，扣40分； （2）严重违反考场纪律，造成恶劣影响的，本大项记0分
	操作过程（20分）	（1）按照规定图样，清晰、准确地划出工件加工的尺寸样线，尺寸样线不清晰每处扣2分； （2）按照划出的尺寸样线锯割，未按规定锯割扣10分； （3）按照图样规定锉削孔，未按规定锉削孔扣10分； （4）损坏工具、材料每件次扣10分	
实作结果及质量（50分）		（1）锯割符合尺寸及精度要求： （44±0.5）mm：每超差0.05 mm扣3分； （22±0.5）mm：每超差0.05 mm扣3分； 注意：扣完本项分为止。 （2）表面粗糙度符合要求：Ra12.5：粗糙度值每大一级扣5分； （3）时间控制合理，每超过规定总时间3 min扣5分，超时10 min考核立即停止，未完成者扣20分	
职业素养（20分）	基本要求（10分）	（1）考试迟到，考核过程中做与考试无关的事，不服从考场安排，酌情扣1～10分； （2）整齐摆放工量具，任务完成后整理工作台面，并符合6S管理要求。工量具乱丢、乱放，考完工位不清洁，扣5分	
	安全防护（10分）	（1）没有正确穿戴个人防护用品，扣5分； （2）不遵守劳动安全规程，酌情扣5～10分	
合计	100分		

试题 2-2-2　直角尺加工

1. 任务描述

现有一件工件（见图 20），需要按规定的图样（见图 21）进行划线、锯割、锉削，以满足工件图样的要求。

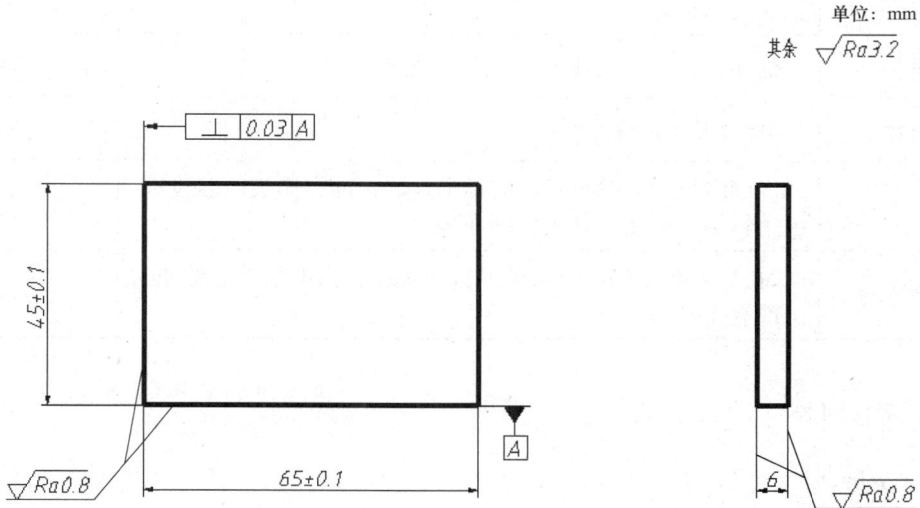

图 20　直角尺加工备料图

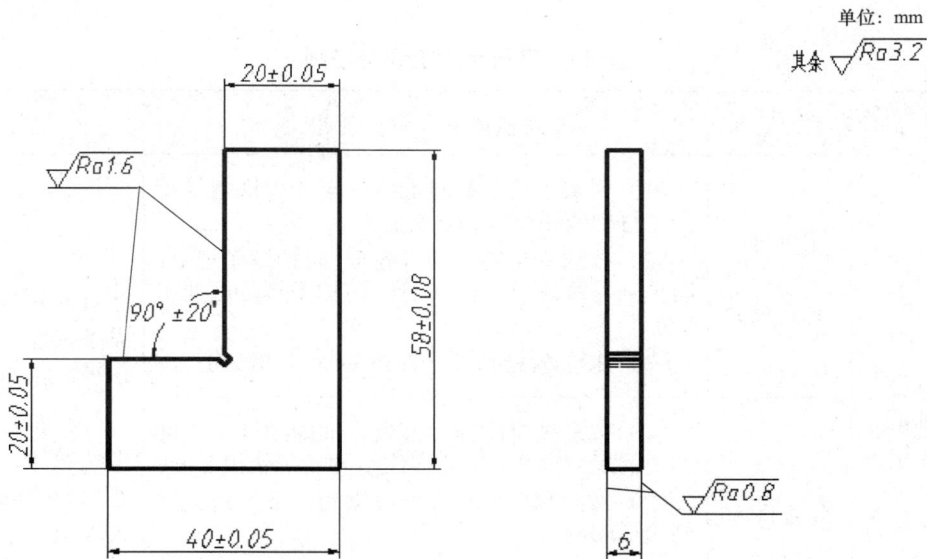

图 21　直角尺图样

2. 实施条件（见表 40）

表 40　直角尺加工实施条件

项目	基本实施条件	备注
场地	可同时容纳 12 人进行划线、锯割、锉削的钳工工作场地，照明通风良好	必备
设施	划线平台、方箱或 V 形块、台虎钳	必备
材料	45#钢板，划线涂料	必备
工具	高度游标尺、钢直尺、游标卡尺、样冲、榔头、划线规、手用钢锯、锯条、锉刀、抹布等	必备
测评专家	每 3 名考生配备一名考评员，考评员为中级以上装配钳工或者工具钳工	必备

3. 考核时长

100 min。

4. 评分细则（见表 41）

表 41　直角尺加工评分细则

评价项目		考核内容及评分标准	备注
操作过程及规范（30 分）	作业前准备（10 分）	（1）要求工具、材料准备齐全，规格型号相符，每缺或错一件扣 5 分； （2）要求安全防护项目齐全、防护操作规范，防护项目每缺一项扣 3 分，防护不规范每处扣 2 分； （3）未检查待加工毛坯的外观状况，扣 5 分	（1）出现严重设备损坏、人身伤害，扣 40 分； （2）严重违反考场纪律，造成恶劣影响的，本大项记 0 分
	操作过程（20 分）	（1）按照规定图样，清晰、准确地划出工件加工的尺寸样线，尺寸样线不清晰每处扣 2 分； （2）按照划出的尺寸样线锯割，未按规定锯割扣 10 分； （3）按照图样规定锉削孔，未按规定锉削孔扣 10 分； （4）损坏工具、材料每件次扣 10 分	

续表

评价项目		考核内容及评分标准	备注
实作结果及质量 （50 分）		（1）锯割符合尺寸及精度要求： （20±0.05）mm（2 处）：每超差 0.01 mm 扣 1 分； （40±0.05）mm：每超差 0.01 mm 扣 1 分； （58±0.08）mm：每超差 0.01 mm 扣 1 分； 注意：扣完本项分为止。 （2）表面粗糙度符合要求： $Ra1.6$（2 处）：粗糙度值每处每大一级扣 5 分。 （3）角度符合尺寸及精度要求： 90°±20′：每超差 5′扣 5 分，扣完本项分为止。 （4）时间控制合理，每超过规定总时间 3 min 扣 5 分，超时 10 min 考核立即停止，未完成者扣 20 分	（1）出现严重设备损坏、人身伤害，扣 40 分； （2）严重违反考场纪律，造成恶劣影响的，本大项记 0 分
职业素养 （20 分）	基本要求 （10 分）	（1）考试迟到，考核过程中做与考试无关的事，不服从考场安排，酌情扣 1~10 分； （2）整齐摆放工量具，任务完成后整理工作台面，并符合 6S 管理要求。工量具乱丢、乱放，考完工位不清洁，扣 5 分	
	安全防护 （10 分）	（1）没有正确穿戴个人防护用品，扣 5 分； （2）不遵守劳动安全规程，酌情扣 5~10 分	
合计	100 分		

试题 2-2-3　带孔直角尺综合加工

1. 任务描述

现有一件工料（见图 22），需要按规定的图样（见图 23）进行划线、锯割、锉削、钻孔加工，以满足工件图样的要求。

单位：mm

其余 $\sqrt{Ra3.2}$

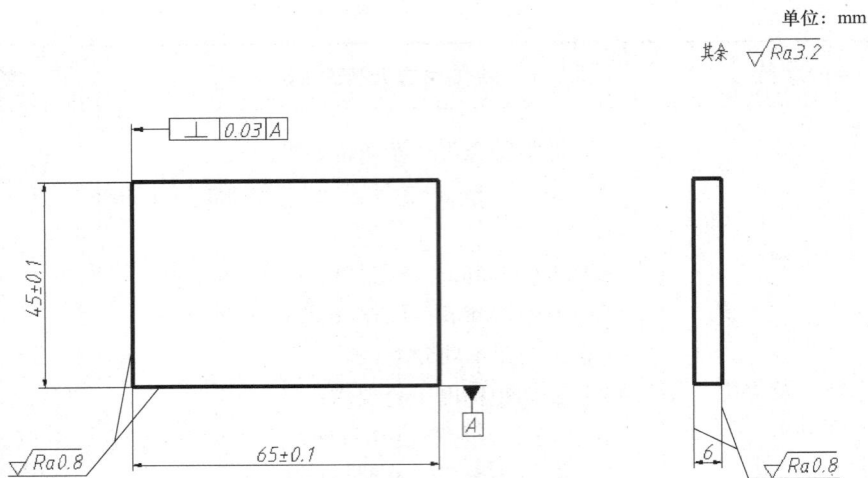

图 22　带孔直角尺综合加工备料图

单位：mm

其余 $\sqrt{Ra3.2}$

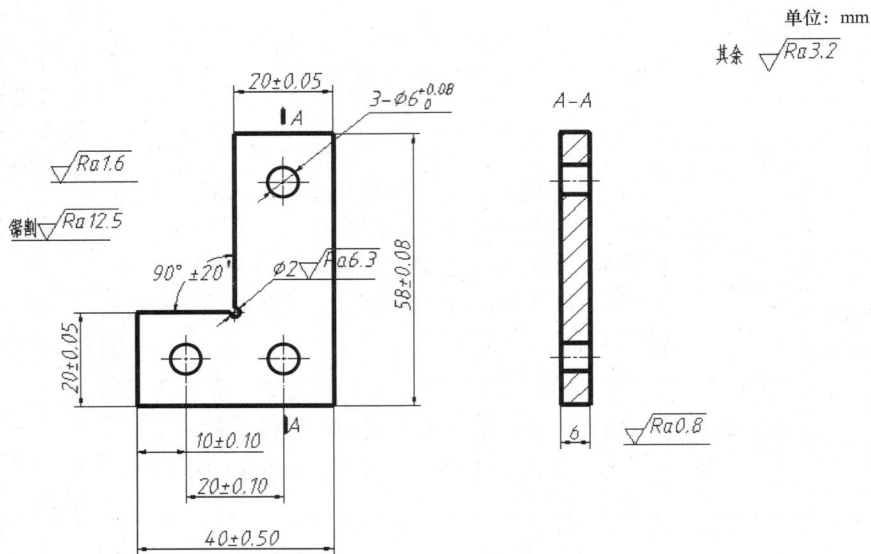

图 23　带孔直角尺图样

2. 实施条件（见表 42）

表 42　带孔直角尺综合加工实施条件

项目	基本实施条件	备注
场地	可同时容纳 12 人进行划线、锯割、锉削、钻孔的钳工工作场地，照明通风良好	必备

续表

项目	基本实施条件	备注
设施	划线平台、方箱或 V 形块、台虎钳、台钻、平口钳	必备
材料	45#钢板，划线涂料	必备
工具	高度游标尺、钢直尺、游标卡尺、万能角度尺、样冲、榔头、划线规、手用钢锯、锯条、锉刀、抹布等	必备
测评专家	每 3 名考生配备一名考评员，考评员为中级以上装配钳工或者工具钳工	必备

3. 考核时长

120 min。

4. 评分细则（见表 43）

表 43　带孔直角尺综合加工评分细则

评价项目		考核内容及评分标准	备注
操作过程及规范（30 分）	作业前准备（10 分）	（1）要求工具、材料准备齐全，规格型号相符，每缺或错一件扣 5 分； （2）要求安全防护项目齐全、防护操作规范，防护项目每缺一项扣 3 分，防护不规范每处扣 2 分； （3）未检查待加工毛坯的外观状况，扣 5 分	（1）出现严重设备损坏、人身伤害，扣 40 分； （2）严重违反考场纪律，造成恶劣影响的，本大项记 0 分
	操作过程（20 分）	（1）按照规定图样，清晰、准确地划出工件加工的尺寸样线，尺寸样线不清晰每处扣 2 分； （2）按照划出的尺寸样线锯割，未按规定锯割每处扣 5 分； （3）按照划出的尺寸样线钻孔，未按规定钻孔每处扣 5 分； （4）按照图样规定锉削孔，未按规定锉削孔每处扣 5 分； （5）损坏工具、材料每件次扣 10 分	

评价项目		考核内容及评分标准	备注
实作结果及质量 （50分）		（1）尺寸及精度符合要求： （20±0.05）mm（2处）：每处每超差 0.05 mm扣 4 分； （40±0.5）mm：每超差 0.01 mm 扣 1 分； （58±0.08）mm：每超差 0.01 mm 扣 1 分。 （2）角度符合要求： 90°±20′：每超差 5′扣 5 分。 （3）粗糙度符合要求： Ra1.6（短边）：粗糙度值每大一级扣 2 分； Ra1.6（长边）：粗糙度值每大一级扣 3 分； Ra3.2（孔三处）：每孔粗糙度值大一级扣 1 分。 （4）定位距离符合尺寸及精度要求： （10±0.10）mm：每处每超差 0.01 mm 扣 1 分。 （5）内孔尺寸及精度符合要求： $\phi 6^{+0.08}_{0}$ mm（3 处）：每处超差扣 4 分。 （6）中心距尺寸及精度符合要求： （20±0.10）mm：每超差 0.01 mm 扣 1 分； （40±0.50）mm：每超差 0.01 mm 扣 1 分； （7）时间控制合理：每超过规定总时间 3 min扣 5 分，超时 10 min 考核立即停止，未完成者扣 20 分	（1）出现严重设备损坏、人身伤害，扣 40 分； （2）严重违反考场纪律，造成恶劣影响的，本大项记 0 分
职业素养 （20分）	基本要求 （10分）	（1）考试迟到，考核过程中做与考试无关的事，不服从考场安排，酌情扣 1～10 分； （2）整齐摆放工量具，任务完成后整理工作台面，并符合 6S 管理要求。工量具乱丢、乱放，考完工位不清洁，扣 5 分	
	安全防护 （10分）	（1）没有正确穿戴个人防护用品，扣 5 分； （2）不遵守劳动安全规程，酌情扣 5～10 分	
合计	100 分		

试题 2-2-4 带孔 T 形板综合加工

1. 任务描述

现有一件工料（见图 24），需要按规定的图样（见图 25）进行划线、锯割、锉削、钻孔、测量加工，以满足工件图样的要求。

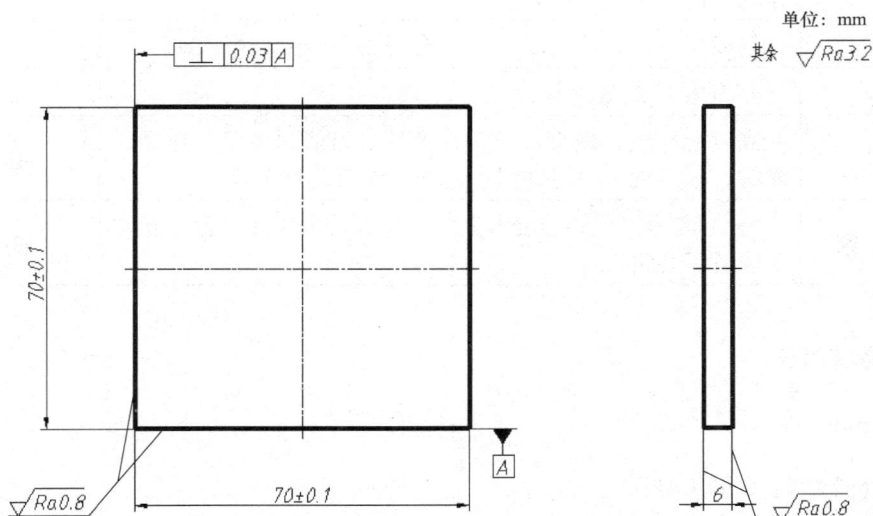

图 24 带孔 T 形板综合加工备料图

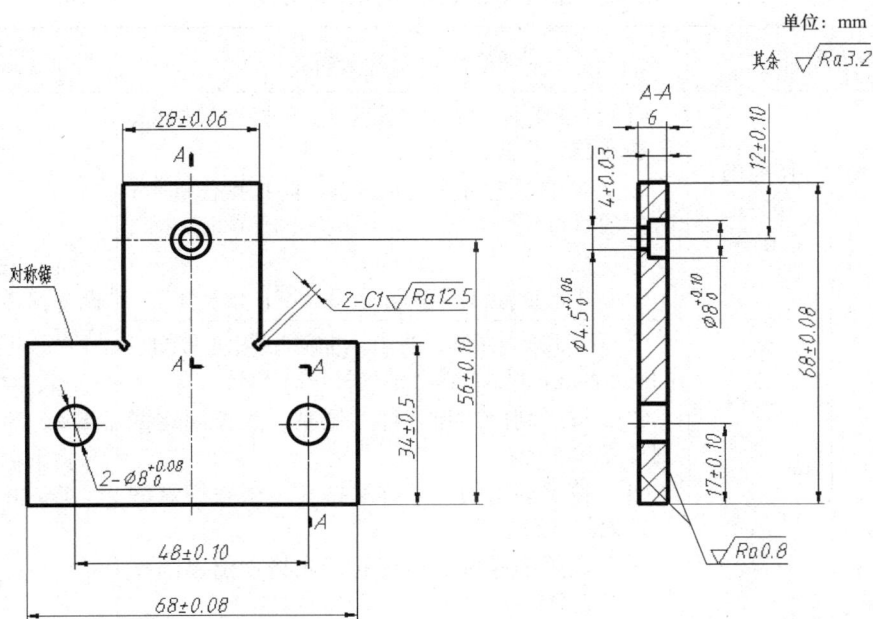

图 25 T 形板图样

2. 实施条件（见表 44）

表 44　带孔 T 形板综合加工实施条件

项目	基本实施条件	备注
场地	可同时容纳 12 人进行划线、锯割、锉削、钻孔的钳工工作场地，照明通风良好	必备
设施	划线平台、方箱或 V 形块、台虎钳、台钻、平口钳	必备
材料	45#钢板，划线涂料	必备
工具	高度游标尺、钢直尺、游标卡尺、万能角度尺、样冲、榔头、划线规、手用钢锯、锯条、锉刀、抹布等	必备
测评专家	每 3 名考生配备一名考评员，考评员为中级以上装配钳工或者工具钳工	必备

3. 考核时长

120 min。

4. 评分细则（见表 45）

表 45　带孔 T 形板综合加工评分细则

评价项目		考核内容及评分标准	备注
操作过程及规范（30 分）	作业前准备（10 分）	（1）要求工具、材料准备齐全，规格型号相符，每缺或错一件扣 5 分； （2）要求安全防护项目齐全、防护操作规范，防护项目每缺一项扣 3 分，防护不规范每处扣 2 分； （3）未检查待加工毛坯的外观状况，扣 5 分	（1）出现严重设备损坏、人身伤害，扣 40 分； （2）严重违反考场纪律，造成恶劣影响的，本大项记 0 分
	操作过程（20 分）	（1）按照规定图样，清晰、准确地划出工件加工的尺寸样线，尺寸样线不清晰每处扣 2 分； （2）按照划出的尺寸样线锯割，未按规定锯割每处扣 5 分； （3）按照划出的尺寸样线钻孔，未按规定钻孔每处扣 5 分； （4）按照图样规定锉削孔，未按规定锉削孔每处扣 5 分； （5）损坏工具、材料每件次扣 10 分	

续表

评价项目		考核内容及评分标准	备注
实作结果及质量（50分）		（1）尺寸及精度符合要求： （28±0.06）mm：每超差 0.01 mm 扣 1 分； （68±0.08）mm（2 处）：每处每超差 0.01 mm 扣 1 分； （34±0.5）mm（2 处）：每处每超差 0.01 mm 扣 1 分。 （2）内孔尺寸及精度符合要求： $\phi 8_{0}^{+0.08}$ mm（2 处）：每处超差 0.01 mm 扣 1 分； $\phi 4.5_{0}^{+0.06}$ mm：每超差 0.01 mm 扣 1 分； $\phi 8_{0}^{+0.10}$ mm：超差扣 2 分。 （3）台阶尺寸及精度符合要求： （4±0.03）mm：超差扣 2 分。 （4）空刀槽符合要求： $\phi 1$ mm（2 处）：不合格的每处扣 2 分。 （5）中心距尺寸及精度符合要求： （48±0.10）mm：超差扣 4 分。 （6）时间控制合理，每超过规定时间 3 min 扣 5 分，超时 10 min 考核立即停止，未完成者扣 20 分	（1）出现严重设备损坏、人身伤害，扣 40 分； （2）严重违反考场纪律，造成恶劣影响的，本大项记 0 分
职业素养（20分）	基本要求（10分）	（1）考试迟到,考核过程中做与考试无关的事,不服从考场安排，酌情扣 1～10 分； （2）整齐摆放工量具，任务完成后整理工作台面，并符合 6S 管理要求。工量具乱丢、乱放，考完工位不清洁，扣 5 分	
	安全防护（10分）	（1）没有正确穿戴个人防护用品，扣 5 分； （2）不遵守劳动安全规程，酌情扣 5～10 分	
合计	100 分		

试题 2-2-5　带孔方形板综合加工

1. 任务描述

现有一件工料（见图 26），需要按规定的图样（见图 27）进行划线、锯割、锉削、钻孔、测量加工，以满足工件图样的要求。

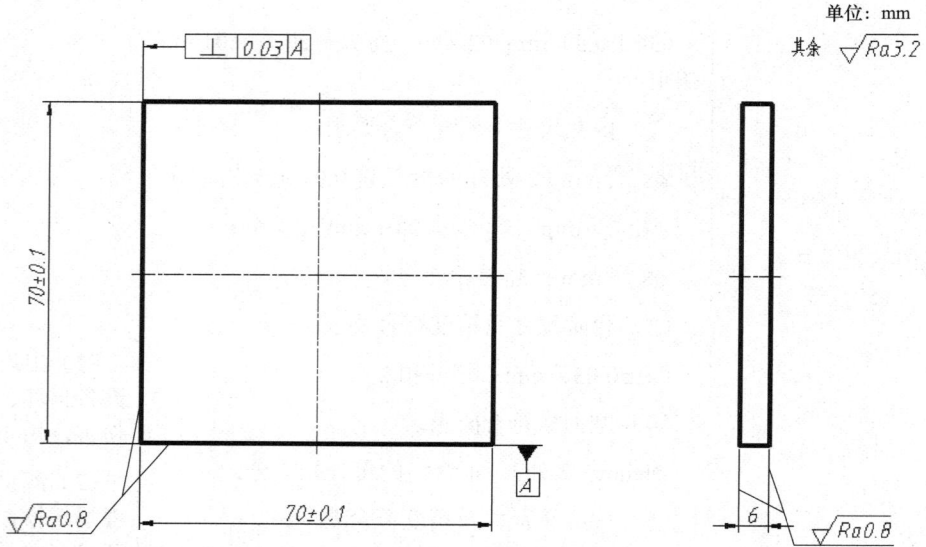

图 26　带孔方形板综合加工备料图

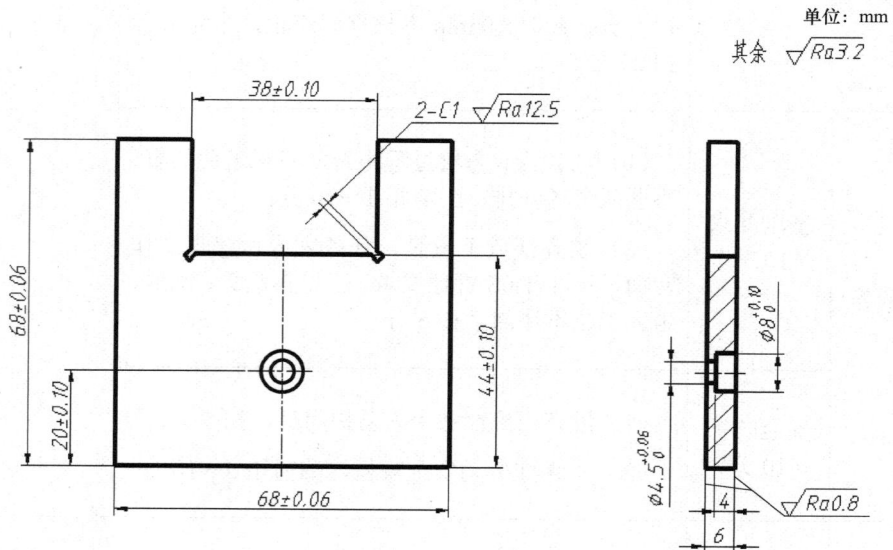

图 27　带孔方形板图样

2. 实施条件（见表 46）

表 46　带孔方形板综合加工实施条件

项目	基本实施条件	备注
场地	可同时容纳 12 人进行划线、锯割、锉削、钻孔的钳工工作场地，照明通风良好	必备
设施	划线平台、方箱或 V 形块、台虎钳、台钻、平口钳	必备
材料	45#钢板，划线涂料	必备
工具	高度游标尺、钢直尺、游标卡尺、万能角度尺、样冲、榔头、划线规、手用钢锯、锯条、锉刀、抹布等	必备
测评专家	每 3 名考生配备一名考评员，考评员为中级以上装配钳工或者工具钳工	必备

3.考核时长

120 min。

4. 评分细则（见表 47）

表 47　带孔方形板综合加工评分细则

评价项目		考核内容及评分标准	备注
操作过程及规范（30 分）	作业前准备（10 分）	（1）要求工具、材料准备齐全，规格型号相符，每缺或错一件扣 5 分； （2）要求安全防护项目齐全、防护操作规范，防护项目每缺一项扣 3 分，防护不规范每处扣 2 分； （3）未检查待加工毛坯的外观状况，扣 5 分	（1）出现严重设备损坏、人身伤害，扣 40 分； （2）严重违反考场纪律，造成恶劣影响的，本大项记 0 分

评价项目		考核内容及评分标准	备注
操作过程及规范（30分）	操作过程（20分）	（1）按照规定图样，清晰、准确地划出工件加工的尺寸样线，尺寸样线不清晰每处扣2分； （2）按照划出的尺寸样线锯割，未按规定锯割每处扣5分； （3）按照划出的尺寸样线进行钻孔，未按规定钻孔每处扣5分； （4）按照图样规定锉削孔，未按规定锉削孔每处扣5分； （5）损坏工具、材料每件次扣10分	
实作结果及质量（50分）		（1）尺寸及精度符合要求： （38±0.10）mm：每超差0.01mm扣1分； （68±0.06）mm（2处）：每处每超差0.01mm扣1分； （44±0.10）mm：每超差0.01mm扣1分。 （2）内孔尺寸及精度符合要求： $\phi 4.5^{+0.06}_{0}$ mm：每超差0.01mm扣1分； $\phi 8^{+0.10}_{0}$ mm：超差扣3分。 （3）台阶尺寸及精度符合要求： （44±0.10）mm：超差扣2分。 （4）空刀槽符合要求： $\phi 1$ mm（2处）：每不合格一处扣2分。 （5）定位尺寸及精度符合要求： （20±0.10）mm：超差扣4分。 （6）时间控制合理，每超过总时长3min扣5分，超时10min考核立即停止，未完成者扣20分	（1）出现严重设备损坏、人身伤害，扣40分； （2）严重违反考场纪律，造成恶劣影响的，本大项记0分
职业素养（20分）	基本要求（10分）	（1）考试迟到，考核过程中做与考试无关的事，不服从考场安排，酌情扣1~10分； （2）整齐摆放工量具，任务完成后整理工作台面，并符合6S管理要求。工量具乱丢、乱放，考完工位不清洁，扣5分	
	安全防护（10分）	（1）没有正确穿戴个人防护用品，扣5分； （2）不遵守劳动安全规程，酌情扣5~10分	
合计	100分		

试题 2-2-6　带孔阶梯板综合加工

1. 任务描述

现有一件工料（见图 28），需要按规定的图样（见图 29）进行划线、锯割、锉削、钻孔、测量加工，以满足工件图样的要求。

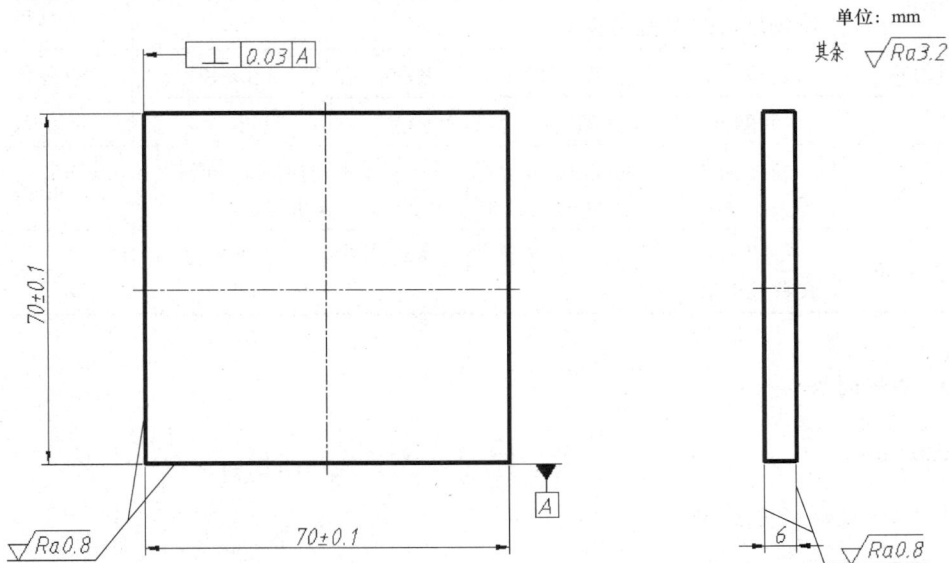

图 28　带孔阶梯板综合加工备料图

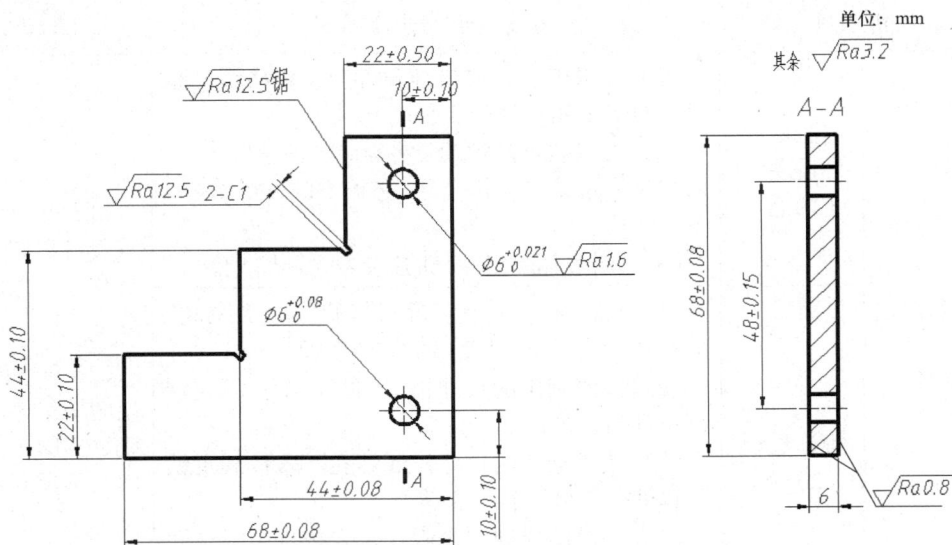

图 29　阶梯板图样

2. 实施条件（见表 48）

表 48　带孔阶梯板综合加工实施条件

项目	基本实施条件	备注
场地	可同时容纳 12 人进行划线、锯割、锉削、钻孔的钳工工作场地，照明通风良好	必备
设施	划线平台、方箱或 V 形块、台虎钳、台钻、平口钳	必备
材料	45#钢板，划线涂料	必备
工具	高度游标尺、钢直尺、游标卡尺、万能角度尺、样冲、榔头、划线规、手用钢锯、锯条、锉刀、抹布等	必备
测评专家	每 3 名考生配备一名考评员；考评员中级以上装配钳工或者工具钳工	必备

3. 考核时长

120 min。

4. 评分细则（见表 49）

表 49　带孔阶梯板综合加工评分细则

评价项目		考核内容及评分标准	备注
操作过程及规范（30 分）	作业前准备（10 分）	（1）要求工具、材料准备齐全，规格型号相符，每缺或错一件扣 5 分； （2）要求安全防护项目齐全、防护操作规范，防护项目每缺一项扣 3 分，防护不规范每处扣 2 分； （3）未检查待加工毛坯的外观状况，扣 5 分	（1）出现严重设备损坏、人身伤害，扣 40 分； （2）严重违反考场纪律，造成恶劣影响的，本大项记 0 分
	操作过程（20 分）	（1）按照规定图样，清晰、准确地划出工件加工的尺寸样线，尺寸样线不清晰每处扣 2 分； （2）按照划出的尺寸样线锯割，未按规定锯割每处扣 5 分； （3）按照划出的尺寸样线钻孔，未按规定钻孔每处扣 5 分； （4）按照图样规定锉削孔，未按规定锉削孔每处扣 5 分； （5）损坏工具、材料每件次扣 10 分	

评价项目		考核内容及评分标准	备注
实作结果及质量 （50分）		（1）尺寸及精度符合要求： （22±0.5）mm：每超差 0.01 mm 扣 1 分； （22±0.10）mm：每超差 0.01 mm 扣 1 分； （68±0.08）mm（2 处）：每处每超差 0.01 mm 扣 1 分； （44±0.15）mm：每超差 0.01 mm 扣 1 分； （44±0.08）mm：每超差 0.01 mm 扣 1 分。 （2）内孔尺寸及精度符合要求： $\phi6^{+0.021}_{0}$ mm：超差 0.01 mm 扣 1 分； $\phi6^{+0.08}_{0}$ mm：超差扣 3 分。 （3）中心距尺寸及精度符合要求： （48±0.15）mm：超差扣 2 分。 （4）空刀槽符合要求： $\phi1$ mm（2 处）：每不合格一处扣 2 分。 （5）定位尺寸及精度符合要求： （10±0.10）mm（2 处）：每超差 1 处扣 2 分。 （6）表面粗糙度符合要求： $Ra1.6$：粗糙度值大一级，扣 2 分； $Ra12.5$：粗糙度值大一级，扣 1 分。 （7）时间控制合理，每超过总时长 3 min 扣 5 分，超时 10 min 考核立即停止，未完成者扣 20 分	（1）出现严重设备损坏、人身伤害，扣 40 分； （2）严重违反考场纪律，造成恶劣影响的，本大项记 0 分
职业素养 （20分）	基本要求 （10分）	（1）考试迟到，考核过程中做与考试无关的事，不服从考场安排，酌情扣 1～10 分； （2）整齐摆放工量具，任务完成后整理工作台面，并符合 6S 管理要求。工量具乱丢、乱放，考完工位不清洁，扣 5 分	
	安全防护 （10分）	（1）没有正确穿戴个人防护用品，扣 5 分； （2）不遵守劳动安全规程，酌情扣 5～10 分	
合计	100分		

模块 3　铁道机车的运用

项目 1　有计划行车

试题 3-1-1　乙站至丁站（K7959 次）——始发站有计划绿证发车

1. 任务描述

考生先在作业任务书上写出机车司机一次出乘标准化作业流程及机车操纵流程，再进行机车司机出勤作业。作业任务书部分占总成绩的 30%。实操部分重点考核学生按照铁路司乘人员一次出乘标准化作业程序完成列车操纵任务，以及计划绿证的签收与使用，实操部分占总成绩的 70%。

本任务按照铁道机车司机的作业标准，考核学生对机车一次出乘标准化作业及机车操纵规程的熟悉程度。

2. 实施条件（见表 50）

表 50　始发站有计划绿证发车实施条件

项目	基本实施条件	备注
场地	机车乘务员一次出乘标准化实训室	必备
行车备品	IC 卡、机车钥匙	必备
测评专家	须具备以下条件之一： （1）具备至少一年以上从事铁道机车驾驶的工作经验； （2）具备三年以上从事铁道机车专业教学经验和三个月以上的现场培训经历	必备

3. 考核时长

60 min，其中作业任务书编写时间 20 min，操作时间 40 min。

4. 评分细则（见表 51）

表 51　始发站有计划绿证发车评分细则

评价项目			考核内容及评分标准	备注
作业任务书编写（30 分）			学生考前完成机车一次出乘标准化作业流程及机车操纵流程作业任务书编写。满分 100 分，占总成绩 30%	
作业过程（20 分）	出勤作业（5 分）		按照抽签顺序进入出勤台，按要求着装，使用正确的出勤用语，选择正确的三证两规。该步骤每错 1 项扣 1 分。共计 5 分，扣完为止	出现明显失误，造成设备及元器件损坏等安全事故，或严重违反考场纪律，造成恶劣影响的，本次考核记 0 分
	操作过程	LKJ 数据输入（3 分）	在 LKJ 数据输入过程中，输入不正确，每次扣 1 分；未进行手比眼看口呼的，每次扣 1 分。共计 3 分，扣完为止	
		制动机试验（6 分）	在制动机试验过程中，未进行手比眼看口呼的，每次扣 1 分；未能进行列尾查询及车机联控的，每次扣 1 分。共计 6 分，扣完为止	
		发车及途中车机联控（6 分）	在进行发车及途中作业执行车机联控时，每错、漏一次扣 1 分。共计 6 分，扣完为止	
实作结果及质量（40 分）			实操作业质量由测评专家评判，扣分标准如下：（1）机车操作过程中，每错误一项扣 2 分，最高扣 20 分；（2）行车命令下发未及时签收，每次扣 2 分；（3）途中出现非正常情况未能及时处置，扣 5 分；（4）在规定时间内完成任务，每超过规定时间 1 min 扣 1 分，超过 5 min 考核立即停止	

评价项目		考核内容及评分标准	备注
职业素养（10分）	基本要求（3分）	（1）操作过程中，未按规定着装扣5分，着装不规范扣3分； （2）考试迟到，考核过程中做与考试无关的事，不服从考场安排，酌情扣1～10分； （3）作业完成后未整理、清扫工作现场，扣5分	出现明显失误，造成设备及元器件损坏等安全事故，或严重违反考场纪律，造成恶劣影响的，本次考核记0分
	操作规范（7分）	（1）手比动作不正确或不规范，每处扣1分，最高扣7分； （2）呼唤应答用语不规范，每处扣1分，最高扣7分	
合计	100分		

试题 3-1-2　乙站至丁站（K7959 次）——始发站有计划路票—普通引导—临时路票发车

1. 任务描述

考生先在作业任务书上写出机车司机一次出乘标准化作业流程及机车操纵流程，再进行机车司机出勤作业。作业任务书部分占总成绩的30%。实操部分重点考核学生按照铁路司乘人员一次出乘标准化作业程序完成列车操纵任务，以及非正常情况下的应急处置能力，实操部分占总成绩的70%。

本任务按照铁道机车司机的作业标准，考核学生对机车司机一次出乘标准化作业及机车操纵规程的熟悉程度。

2. 实施条件（见表52）

表 52　始发站有计划路票—普通引导—临时路票发车实施条件

项目	基本实施条件	备注
场地	机车乘务员一次出乘标准化实训室	必备
行车备品	IC 卡、机车钥匙	必备

续表

项目	基本实施条件	备注
测评专家	须具备以下条件之一： （1）具备至少一年以上从事铁道机车驾驶的工作经验； （2）具备三年以上从事铁道机车专业教学经验和三个月以上的现场培训经历	必备

3. 考核时长

65 min，其中作业任务书编写时间 20 min，操作时间 45 min。

4. 评分细则（见表 53）

表 53　始发站有计划路票—普通引导—临时路票发车评分细则

评价项目			考核内容及评分标准	备注
作业任务书编写（30分）			学生考前完成机车一次出乘标准化作业流程及机车操纵流程作业任务书编写。满分 100 分，占总成绩 30%	
作业过程（20分）	出勤作业（5分）		按照抽签顺序进入出勤台，按要求着装，使用正确的出勤用语，选择正确的三证两规。该步骤每错 1 项扣 1 分。 共计 5 分，扣完为止	出现明显失误，造成设备及元器件损坏等安全事故，或严重违反考场纪律，造成恶劣影响的，本次考核记 0 分
	操作过程	LKJ 数据输入（3分）	在 LKJ 数据输入过程中，输入不正确每次扣 1 分；未进行手比眼看口呼的，每次扣 1 分。 共计 3 分，扣完为止	
		制动机试验（6分）	制动机试验过程中，未进行手比眼看口呼的，每次扣 1 分；未能进行列尾查询及车机联控的，每次扣 1 分。 共计 6 分，扣完为止	
		发车及途中车机联控（6分）	在进行发车及途中作业执行车机联控时，每错、漏一次扣 1 分。 共计 6 分，扣完为止	

续表

评价项目		考核内容及评分标准	备注
实作结果及质量 （40分）		实操作业质量由测评专家评判，扣分标准如下： （1）机车操作过程中，每错误一项扣 2 分，最高扣 20 分； （2）行车命令下发未及时签收，每次扣 2 分； （3）途中出现非正常情况未能及时处置，扣 5 分； （4）在规定时间内完成任务，每超过规定时间 1 min 扣 1 分，超过 5 min 考核立即停止	出现明显失误，造成设备及元器件损坏等安全事故，或严重违反考场纪律，造成恶劣影响的，本次考核记 0 分
职业素养 （10分）	基本要求 （3分）	（1）操作过程中，未按规定着装扣 5 分，着装不规范扣 3 分； （2）考试迟到，考核过程中做与考试无关的事，不服从考场安排，酌情扣 1～10 分； （3）作业完成后未整理、清扫工作现场，扣 5 分	
	操作规范 （7分）	（1）手比动作不正确或不规范，每处扣 1 分，最高扣 7 分； （2）呼唤应答用语不规范，每处扣 1 分，最高扣 7 分	
合计	100 分		

试题 3-1-3　乙站至丙站（K7959 次）——特定引导进站

1. 任务描述

考生先在作业任务书上写出机车司机一次出乘标准化作业流程及机车操纵流程，再进行机车司机出勤作业。作业任务书部分占总成绩的 30%。实操部分重点考核学生按照铁路司乘人员一次出乘标准化作业程序完成列车操纵任务，以及非正常情况下的应急处置能力，实操部分占总成绩的 70%。

本任务按照铁道机车司机的作业标准，考核学生对机车司机一次出乘标准化作业及机车操纵规程的熟悉程度。

2. 实施条件（见表 54）

表 54　特定引导进站实施条件

项目	基本实施条件	备注
场地	机车乘务员一次出乘标准化实训室	必备
行车备品	IC 卡、机车钥匙	必备
测评专家	须具备以下条件之一： （1）具备至少一年以上从事铁道机车驾驶的工作经验； （2）具备三年以上从事铁道机车专业教学经验和三个月以上的现场培训经历	必备

3. 考核时长

60 min，其中作业任务书编写时间 20 min，操作时间 40 min。

4. 评分细则（见表 55）

表 55　特定引导进站评分细则

评价项目			考核内容及评分标准	备注
作业任务书编写 （30 分）			学生考前完成机车一次出乘标准化作业流程及机车操纵流程作业任务书编写。满分100 分，占总成绩30%	出现明显失误，造成设备及元器件损坏等安全事故，或严重违反考场纪律，造成恶劣影响的，本次考核记 0 分
作业过程 （20 分）	出勤作业 （5 分）		按照抽签顺序进入出勤台，按要求着装，使用正确的出勤用语，选择正确的三证两规。该步骤每错 1 项扣 1 分。 共计 5 分，扣完为止	
	操作过程	LKJ 数据输入 （3 分）	在 LKJ 数据输入过程中，输入不正确，每次扣 1 分；未进行手比眼看口呼的，每次扣 1 分。 共计 3 分，扣完为止	

续表

评价项目			考核内容及评分标准	备注
作业过程 （20分）	操作 过程	制动机 试验 （6分）	在制动机试验过程中，未进行手比眼看口呼的，每次扣1分；未能进行列尾查询及车机联控的，每次扣1分。 共计6分，扣完为止	出现明显失误，造成设备及元器件损坏等安全事故，或严重违反考场纪律，造成恶劣影响的，本次考核记0分
		发车前呼唤应答 （6分）	在进行发车前作业执行手比眼看口呼时，每错、漏一次扣1分。 共计6分，扣完为止	
实作结果及质量 （40分）			实操作业质量由测评专家评判，扣分标准如下： （1）机车操作过程中，每错误一项扣2分，最高扣20分； （2）行车命令下发未及时签收，每次扣2分； （3）途中出现非正常情况未能及时处置，扣5分； （4）在规定时间内完成任务，每超过规定时间1 min扣1分，超过5 min考核立即停止	
职业素养 （10分）		基本要求 （3分）	（1）操作过程中，未按规定着装扣5分，着装不规范扣3分； （2）考试迟到，考核过程中做与考试无关的事，不服从考场安排，酌情扣1～10分； （3）作业完成后未整理、清扫工作现场，扣5分	
		操作规范 （7分）	（1）手比动作不正确或不规范，每处扣1分，最高扣7分； （2）呼唤应答用语不规范，每处扣1分，最高扣7分	
合计		100分		

试题 3-1-4　乙站至丁站（K7959 次）——临时绿证行车

1. 任务描述

考生先在作业任务书上写出机车司机一次出乘标准化作业流程及机车操纵流程，再进行机车司机出勤作业。作业任务书部分占总成绩的 30%。实操部分重点考核学生按照铁路司乘人员一次出乘标准化作业程序完成列车操纵任务，以及非正常情况下的应急处置能力，实操部分占总成绩的 70%。

本任务按照铁道机车司机的作业标准，考核学生对机车司机一次出乘标准化作业及机车操纵规程的熟悉程度。

2. 实施条件（见表 56）

表 56　临时绿证行车实施条件

项目	基本实施条件	备注
场地	机车乘务员一次出乘标准化实训室	必备
行车备品	IC 卡、机车钥匙	必备
测评专家	须具备以下条件之一： （1）具备至少一年以上从事铁道机车驾驶的工作经验； （2）具备三年以上从事铁道机车专业教学经验和三个月以上的现场培训经历	必备

3. 考核时长

60 min，其中作业任务书编写时间 20 min，操作时间 40 min。

4. 评分细则（见表 57）

表 57　临时绿证行车评分细则

评价项目	考核内容及评分标准	备注
作业任务书编写 （30 分）	学生考前完成机车一次出乘标准化作业流程及机车操纵流程作业任务书编写。满分 100 分，占总成绩 30%	

续表

评价项目			考核内容及评分标准	备注
作业过程 （20分）	出勤作业 （5分）		按照抽签顺序进入出勤台，按要求着装，使用正确的出勤用语，选择正确的三证两规。该步骤每错1项扣1分。 共计5分，扣完为止	出现明显失误，造成设备及元器件损坏等安全事故，或严重违反考场纪律，造成恶劣影响的，本次考核记0分
	操作过程	LKJ数据输入 （3分）	在LKJ数据输入过程中，输入不正确，每次扣1分；未进行手比眼看口呼的，每次扣1分。 共计3分，扣完为止	
		制动机试验 （6分）	在制动机试验过程中，未进行手比眼看口呼的，每次扣1分；未能进行列尾查询及车机联控的，每次扣1分。 共计6分，扣完为止	
		发车前呼唤应答 （6分）	在进行发车前作业执行手比眼看口呼时，每错、漏一次扣1分。 共计6分，扣完为止	
实作结果及质量 （40分）			实操作业质量由测评专家评判，扣分标准如下： （1）机车操作过程中，每错误一项扣2分，最高扣20分； （2）行车命令下发未及时签收，每次扣2分； （3）途中出现非正常情况未能及时处置，扣5分； （4）在规定时间内完成任务，每超过规定时间1min扣1分，超过5min考核立即停止	
职业素养 （10分）	基本要求 （3分）		（1）操作过程中，未按规定着装扣5分，着装不规范扣3分； （2）考试迟到，考核过程中做与考试无关的事，不服从考场安排，酌情扣1~10分； （3）作业完成后未整理、清扫工作现场，扣5分	
	操作规范 （7分）		（1）手比动作不正确或不规范，每处扣1分，最高扣7分； （2）呼唤应答用语不规范，每处扣1分，最高扣7分	
合计	100分			

试题 3-1-5　乙站至丁站（K7959 次）——临时限速行车

1. 任务描述

考生先在作业任务书上写出机车司机一次出乘标准化作业流程及机车操纵流程，再进行机车司机出勤作业。作业任务书部分占总成绩的 30%。实操部分重点考核学生按照铁路司乘人员一次出乘标准化作业程序完成列车操纵任务，以及途中临时限速条件下司乘人员的应急处置能力，实操部分占总成绩的 70%。

本任务按照铁道机车司机的作业标准，考核学生对机车司机一次出乘标准化作业及机车操纵规程的熟悉程度。

2. 实施条件（见表 58）

表 58　临时限速行车实施条件

项目	基本实施条件	备注
场地	机车乘务员一次出乘标准化实训室	必备
行车备品	IC 卡、机车钥匙	必备
测评专家	须具备以下条件之一： （1）具备至少一年以上从事铁道机车驾驶的工作经验； （2）具备三年以上从事铁道机车专业教学经验和三个月以上的现场培训经历	必备

3. 考核时长

65 min，其中作业任务书编写时间 20 min，操作时间 45 min。

4. 评分细则（见表 59）

表 59　临时限速行车评分细则

评价项目	考核内容及评分标准	备注
作业任务书编写（30 分）	学生考前完成机车一次出乘标准化作业流程及机车操纵流程作业任务书编写。满分 100 分，占总成绩 30%	

续表

评价项目			考核内容及评分标准	备注
作业过程（20分）		出勤作业（5分）	按照抽签顺序进入出勤台，按要求着装，使用正确的出勤用语，选择正确的三证两规。该步骤每错1项扣1分。 共计5分，扣完为止	出现明显失误，造成设备及元器件损坏等安全事故，或严重违反考场纪律，造成恶劣影响的，本次考核记0分
	操作过程	LKJ数据输入（3分）	在LKJ数据输入过程中，输入不正确，每次扣1分；未进行手比眼看口呼的，每次扣1分。 共计3分，扣完为止	
		制动机试验（6分）	在制动机试验过程中，未进行手比眼看口呼的，每次扣1分；未能进行列尾查询及车机联控的，每次扣1分。 共计6分，扣完为止	
		发车及途中车机联控（6分）	在进行发车及途中作业执行车机联控时，每错、漏一次扣1分。 共计6分，扣完为止	
实作结果及质量（40分）			实操作业质量由测评专家评判，扣分标准如下： （1）机车操作过程中，每错误一项扣2分，最高扣20分； （2）行车命令下发未及时签收，每次扣2分； （3）途中出现非正常情况未能及时处置，扣5分； （4）在规定时间内完成任务，每超过规定时间1 min扣1分，超过5 min考核立即停止	
职业素养（10分）		基本要求（3分）	（1）操作过程中，未按规定着装扣5分，着装不规范扣3分； （2）考试迟到，考核过程中做与考试无关的事，不服从考场安排，酌情扣1～10分； （3）作业完成后未整理、清扫工作现场，扣5分	
		操作规范（7分）	（1）手比动作不正确或不规范，每处扣1分，最高扣7分； （2）呼唤应答用语不规范，每处扣1分，最高扣7分	
合计		100分		

试题 3-1-6　乙站至丁站（K7959 次）——临时绿证—手信号引导—临时路票行车

1. 任务描述

考生先在作业任务书上写出机车司机一次出乘标准化作业流程及机车操纵流程，再进行机车司机出勤作业。作业任务书部分占总成绩的 30%。实操部分重点考核学生按照铁路司乘人员一次出乘标准化作业程序完成列车操纵任务，以及非正常情况下的应急处置能力，实操部分占总成绩的 70%。

按照铁道机车司机的作业标准，考核学生对机车司机一次出乘标准化作业及机车操纵规程的熟悉程度。

2. 实施条件（见表 60）

表 60　临时绿证—手信号引导—临时路票行车实施条件

项目	基本实施条件	备注
场地	机车乘务员一次出乘标准化实训室	必备
行车备品	IC 卡、机车钥匙	必备
测评专家	须具备以下条件之一： （1）具备至少一年以上从事铁道机车驾驶的工作经验； （2）具备三年以上从事铁道机车专业教学经验和三个月以上的现场培训经历	必备

3. 考核时长

70 min，其中作业任务书编写时间 20 min，操作时间 50 min。

4. 评分细则（见表 61）

表 61　临时绿证—手信号引导—临时路票行车评分细则

评价项目	考核内容及评分标准	备注
作业任务书编写 （30 分）	学生考前完成机车一次出乘标准化作业流程及机车操纵流程作业任务书编写。满分 100分，占总成绩 30%	

续表

评价项目			考核内容及评分标准	备注
作业过程 （20分）	出勤作业 （5分）		按照抽签顺序进入出勤台，按要求着装，使用正确的出勤用语，选择正确的三证两规。该步骤每错1项扣1分。 共计5分，扣完为止	出现明显失误，造成设备及元器件损坏等安全事故，或严重违反考场纪律，造成恶劣影响的，本次考核记0分
	操作过程	LKJ数据输入 （3分）	在LKJ数据输入过程中，输入不正确，每次扣1分；未进行手比眼看口呼的，每次扣1分。 共计3分，扣完为止	
		制动机试验 （6分）	在制动机试验过程中，未进行手比眼看口呼的，每次扣1分；未能进行列尾查询及车机联控的，每次扣1分。 共计6分，扣完为止	
		发车前呼唤应答 （6分）	在进行发车前作业执行手比眼看口呼时，每错、漏一次扣1分。 共计6分，扣完为止	
实作结果及质量 （40分）			实操作业质量由测评专家评判，扣分标准如下： （1）机车操作过程中，每错误一项扣2分，最高扣20分； （2）行车命令下发未及时签收，每次扣2分； （3）途中出现非正常情况未能及时处置，扣5分； （4）在规定时间内完成任务，每超过规定时间1 min扣1分，超过5 min考核立即停止	
职业素养 （10分）	基本要求 （3分）		（1）操作过程中，未按规定着装扣5分，着装不规范扣3分； （2）考试迟到，考核过程中做与考试无关的事，不服从考场安排，酌情扣1～10分； （3）作业完成后未整理、清扫工作现场，扣5分	
	操作规范 （7分）		（1）手比动作不正确或不规范，每处扣1分，最高扣7分； （2）呼唤应答用语不规范，每处扣1分，最高扣7分	
合计	100分			

试题 3-1-7　乙站至丁站（K7959 次）——进站特定引导及出站有计划绿证行车

1. 任务描述

考生先在作业任务书上写出机车司机一次出乘标准化作业流程及机车操纵流程，再进行机车司机出勤作业。作业任务书部分占总成绩的 30%。实操部分重点考核学生按照铁路司乘人员一次出乘标准化作业程序完成列车操纵任务，以及非正常情况下的应急处置能力，实操部分占总成绩的 70%。

本任务按照铁道机车司机的作业标准，考核学生对机车司机一次出乘标准化作业及机车操纵规程的熟悉程度。

2. 实施条件（见表 62）

表 62　进站特定引导及出站有计划绿证行车实施条件

项目	基本实施条件	备注
场地	机车乘务员一次出乘标准化实训室	必备
行车备品	IC 卡、机车钥匙	必备
测评专家	须具备以下条件之一： （1）具备至少一年以上从事铁道机车驾驶的工作经验； （2）具备三年以上从事铁道机车专业教学经验和三个月以上的现场培训经历	必备

3. 考核时长

60 min，其中作业任务书编写时间 20 min，操作时间 40 min。

4. 评分细则（见表 63）

表 63　进站特定引导及出站有计划绿证行车评分细则

评价项目	考核内容及评分标准	备注
作业任务书编写 （30 分）	学生考前完成机车一次出乘标准化作业流程及机车操纵流程作业任务书编写。满分 100 分，占总成绩 30%	

评价项目			考核内容及评分标准	备注
作业过程 （20分）	出勤作业 （5分）		按照抽签顺序进入出勤台，按要求着装，使用正确的出勤用语，选择正确的三证两规。该步骤每错1项扣1分。 共计5分，扣完为止	出现明显失误，造成设备及元器件损坏等安全事故，或严重违反考场纪律，造成恶劣影响的，本次考核记0分
	操作过程	LKJ数据输入 （3分）	在LKJ数据输入过程中，输入不正确，每次扣1分；未进行手比眼看口呼的，每次扣1分。 共计3分，扣完为止	
		制动机试验 （6分）	在制动机试验过程中，未进行手比眼看口呼的，每次扣1分；未能进行列尾查询及车机联控的，每次扣1分。 共计6分，扣完为止	
		发车及途中车机联控 （6分）	在进行发车及途中作业执行车机联控时，每错、漏一次扣1分。 共计6分，扣完为止	
实作结果及质量 （40分）			实操作业质量由测评专家评判，扣分标准如下： （1）机车操作过程中，每错误一项扣2分，最高扣20分； （2）行车命令下发未及时签收，每次扣2分； （3）途中出现非正常情况未能及时处置，扣5分； （4）在规定时间内完成任务，每超过规定时间1 min扣1分，超过5 min考核立即停止	
职业素养 （10分）	基本要求 （3分）		（1）操作过程中，未按规定着装扣5分，着装不规范扣3分； （2）考试迟到，考核过程中做与考试无关的事，不服从考场安排，酌情扣1～10分； （3）操纵完成后未整理、清扫工作现场，扣5分	
	操作规范 （7分）		（1）手比动作不正确或不规范，每处扣1分，最高扣7分； （2）呼唤应答用语不规范，每处扣1分，最高扣7分	
合计	100分			

项目 2　临时故障行车

试题 3-2-1　乙站至丁站（K7959 次）——临时路票行车

1. 任务描述

考生先在作业任务书上写出机车司机一次出乘标准化作业流程及机车操纵流程，再进行机车司机出勤作业。作业任务书部分占总成绩的 30%。实操部分重点考核学生按照铁路司乘人员一次出乘标准化作业程序完成列车操纵任务，以及运行途中信号机临时故障时的应急处置能力等，实操部分占总成绩的 70%。

本任务按照铁道机车司机的作业标准，考核学生对机车司机一次出乘标准化作业及机车操纵规程的熟悉程度。

2. 实施条件（见表 64）

表 64　临时路票行车实施条件

项目	基本实施条件	备注
场地	机车乘务员一次出乘标准化实训室	必备
行车备品	IC 卡、机车钥匙	必备
测评专家	须具备以下条件之一： （1）具备至少一年以上从事铁道机车驾驶的工作经验； （2）具备三年以上从事铁道机车专业教学经验和三个月以上的现场培训经历	必备

3. 考核时长

60 min，其中作业任务书编写时间 20 min，操作时间 40 min。

4. 评分细则（见表 65）

表 65　临时路票行车评分细则

评价项目	考核内容及评分标准	备注
作业任务书编写 （30 分）	学生考前完成机车一次出乘标准化作业流程及机车操纵流程作业任务书编写。满分 100 分，占总成绩 30%	

评价项目			考核内容及评分标准	备注
作业过程（20分）		出勤作业（5分）	按照抽签顺序进入出勤台，按要求着装，使用正确的出勤用语，选择正确的三证两规。该步骤每错1项扣1分。共计5分，扣完为止	出现明显失误，造成设备及元器件损坏等安全事故，或严重违反考场纪律，造成恶劣影响的，本次考核记0分
	操作过程	LKJ数据输入（3分）	在LKJ数据输入过程中，输入不正确，每次扣1分；未进行手比眼看口呼的，每次扣1分。共计3分，扣完为止	
		制动机试验（6分）	在制动机试验过程中，未进行手比眼看口呼的，每次扣1分；未能进行列尾查询及车机联控的，每次扣1分。共计6分，扣完为止	
		发车及途中车机联控（6分）	在进行发车及途中作业执行车机联控时，每错、漏一次扣1分。共计6分，扣完为止	
实作结果及质量（40分）			实操作业质量由测评专家评判，扣分标准如下：（1）机车操作过程中，每错误一项扣2分，最高扣20分；（2）行车命令下发未及时签收，每次扣2分；（3）途中出现非正常情况未能及时处置，扣5分；（4）在规定时间内完成任务，每超过规定时间1 min扣1分，超过5 min考核立即停止	
职业素养（10分）		基本要求（3分）	（1）操作过程中，未按规定着装扣5分，着装不规范扣3分；（2）考试迟到，考核过程中做与考试无关的事，不服从考场安排，酌情扣1～10分；（3）作业完成后未整理、清扫工作现场，扣5分	
		操作规范（7分）	（1）手比动作不正确或不规范，每处扣1分，最高扣7分；（2）呼唤应答用语不规范，每处扣1分，最高扣7分	
合计		100分		

试题 3-2-2 乙站至丁站（K7959 次）——人工引导进站

1. 任务描述

考生先在作业任务书上写出机车司机一次出乘标准化作业流程及机车操纵流程，再进行机车司机出勤作业。作业任务书部分占总成绩的 30%。实操部分重点考核学生按照铁路司乘人员一次出乘标准化作业程序完成列车操纵任务，以及进站信号机临时故障时的应急处置能力等，实操部分占总成绩的 70%。

本任务按照铁道机车司机的作业标准，考核学生对机车司机一次出乘标准化作业及机车操纵规程的熟悉程度。

2. 实施条件（见表 66）

表 66 人工引导进站实施条件

项目	基本实施条件	备注
场地	机车乘务员一次出乘标准化实训室	必备
行车备品	IC 卡、机车钥匙	必备
测评专家	须具备以下条件之一： （1）具备至少一年以上从事铁道机车驾驶的工作经验； （2）具备三年以上从事铁道机车专业教学经验和三个月以上的现场培训经历	必备

3. 考核时长

65 min，其中作业任务书编写时间 20 min，操作时间 45 min。

4. 评分细则（见表 67）

表 67 人工引导进站评分细则

评价项目	考核内容及评分标准	备注
作业任务书编写 （30 分）	学生考前完成机车一次出乘标准化作业流程及机车操纵流程作业任务书编写。满分 100 分，占总成绩 30%	

续表

评价项目			考核内容及评分标准	备注
作业过程 （20分）	出勤作业 （5分）		按照抽签顺序进入出勤台，按要求着装，使用正确的出勤用语，选择正确的三证两规。该步骤每错1项扣1分。 共计5分，扣完为止	出现明显失误，造成设备及元器件损坏等安全事故，或严重违反考场纪律，造成恶劣影响的，本次考核记0分
	操作过程	LKJ数据输入 （3分）	在LKJ数据输入过程中，输入不正确，每次扣1分；未进行手比眼看口呼的，每次扣1分。 共计3分，扣完为止	
		制动机试验 （6分）	在制动机试验过程中，未进行手比眼看口呼的，每次扣1分；未能进行列尾查询及车机联控的，每次扣1分。 共计6分，扣完为止	
		发车及途中车机联控 （6分）	在进行发车及途中作业执行车机联控时，每错、漏一次扣1分。 共计6分，扣完为止	
实作结果及质量 （40分）			实操作业质量由测评专家评判，扣分标准如下： （1）机车操作过程中，每错误一项扣2分，最高扣20分； （2）行车命令下发未及时签收，每次扣2分； （3）途中出现非正常情况未能及时处置，扣5分； （4）在规定时间内完成任务，每超过规定时间1 min扣1分，超过5 min考核立即停止	
职业素养 （10分）	基本要求 （3分）		（1）操作过程中，未按规定着装扣5分，着装不规范扣3分； （2）考试迟到，考核过程中做与考试无关的事，不服从考场安排，酌情扣1～10分； （3）作业完成后未整理、清扫工作现场，扣5分	
	操作规范 （7分）		（1）手比动作不正确或不规范，每处扣1分，最高扣7分； （2）呼唤应答用语不规范，每处扣1分，最高扣7分	
合计	100分			

试题 3-2-3　乙站至丁站（K7959 次）——机车信号故障行车

1. 任务描述

考生先在作业任务书上写出机车司机一次出乘标准化作业流程及机车操纵流程，再进行机车司机出勤作业。作业任务书部分占总成绩的 30%。实操部分重点考核学生按照铁路司乘人员一次出乘标准化作业程序完成列车操纵任务，以及机车信号机临时故障时的应急处置能力等，实操部分占总成绩的 70%。

本任务按照铁道机车司机的作业标准，考核学生对机车司机一次出乘标准化作业及机车操纵规程的熟悉程度。

2. 实施条件（见表 68）

表 68　机车信号故障行车实施条件

项目	基本实施条件	备注
场地	机车乘务员一次出乘标准化实训室	必备
行车备品	IC 卡、机车钥匙	必备
测评专家	须具备以下条件之一： （1）具备至少一年以上从事铁道机车驾驶的工作经验； （2）具备三年以上从事铁道机车专业教学经验和三个月以上的现场培训经历	必备

3. 考核时长

60 min，其中作业任务书编写时间 20 min，操作时间 40 min。

4. 评分细则（见表 69）

表 69　机车信号故障行车评分细则

评价项目	考核内容及评分标准	备注
作业任务书编写 （30 分）	学生考前完成机车一次出乘标准化作业流程及机车操纵流程作业任务书编写。满分 100 分，占总成绩 30%	

续表

评价项目			考核内容及评分标准	备注
作业过程（20分）		出勤作业（5分）	按照抽签顺序进入出勤台，按要求着装，使用正确的出勤用语，选择正确的三证两规，该步骤每错1项扣1分。 共计5分，扣完为止	出现明显失误，造成设备及元器件损坏等安全事故，或严重违反考场纪律，造成恶劣影响的，本次考核记0分
	操作过程	LKJ数据输入（3分）	在LKJ数据输入过程中，输入不正确，每次扣1分；未进行手比眼看口呼的，每次扣1分。 共计3分，扣完为止	
		制动机试验（6分）	在制动机试验过程中，未进行手比眼看口呼的，每次扣1分；未能进行列尾查询及车机联控的，每次扣1分。 共计6分，扣完为止	
		发车及途中车机联控（6分）	在进行发车及途中作业执行车机联控时，每错、漏一次扣1分。 共计6分，扣完为止	
实作结果及质量（40分）			实操作业质量由测评专家评判，扣分标准如下： （1）机车操作过程中，每错误一项扣2分，最高扣20分； （2）行车命令下发未及时签收，每次扣2分； （3）途中出现非正常情况未能及时处置，扣5分； （4）在规定时间内完成任务，每超过规定时间1min扣1分，超过5min考核立即停止	
职业素养（10分）		基本要求（3分）	（1）操作过程中，未按规定着装扣5分，着装不规范扣3分； （2）考试迟到，考核过程中做与考试无关的事，不服从考场安排，酌情扣1～10分； （3）作业完成后未整理、清扫工作现场，扣5分	
		操作规范（7分）	（1）手比动作不正确或不规范，每处扣1分，最高扣7分； （2）呼唤应答用语不规范，每处扣1分，最高扣7分	
合计			100分	

试题 3-2-4　乙站至丁站（K7959 次）——运行中解除揭示

1. 任务描述

考生先在作业任务书上写出机车司机一次出乘标准化作业流程及机车操纵流程，再进行机车司机出勤作业。作业任务书部分占总成绩的 30%。实操部分重点考核学生按照铁路司乘人员一次出乘标准化作业程序完成列车操纵任务，以及非正常情况下的应急处置能力等，实操部分占总成绩的 70%。

本任务按照铁道机车司机的作业标准，考核学生对机车司机一次出乘标准化作业及机车操纵规程的熟悉程度。

2. 实施条件（见表 70）

表 70　运行中解除揭示实施条件

项目	基本实施条件	备注
场地	机车乘务员一次出乘标准化实训室	必备
行车备品	IC 卡、机车钥匙	必备
测评专家	须具备以下条件之一： （1）具备至少一年以上从事铁道机车驾驶的工作经验； （2）具备三年以上从事铁道机车专业教学经验和三个月以上的现场培训经历	必备

3. 考核时长

65 min，其中作业任务书编写时间 20 min，操作时间 45 min。

4. 评分细则（见表 71）

表 71　运行中解除揭示评分细则

评价项目	考核内容及评分标准	备注
作业任务书编写 （30分）	学生考前完成机车一次出乘标准化作业流程及机车操纵流程作业任务书编写。满分 100 分，占总成绩 30%	

续表

评价项目			考核内容及评分标准	备注
作业过程 （20分）		出勤作业 （5分）	按照抽签顺序进入出勤台，按要求着装，使用正确的出勤用语，选择正确的三证两规，该步骤每错1项扣1分。 共计5分，扣完为止	出现明显失误，造成设备及元器件损坏等安全事故，或严重违反考场纪律，造成恶劣影响的，本次考核记0分
	操作过程	LKJ数据输入 （3分）	在LKJ数据输入过程中，输入不正确，每次扣1分；未进行手比眼看口呼的，每次扣1分。 共计3分，扣完为止	
		制动机试验 （6分）	在制动机试验过程中，未进行手比眼看口呼的，每次扣1分；未能进行列尾查询及车机联控的，每次扣1分。 共计6分，扣完为止	
		发车及途中车机联控 （6分）	在进行发车及途中作业执行车机联控时，每错、漏一次扣1分。 共计6分，扣完为止	
实作结果及质量 （40分）			实操作业质量由测评专家评判，扣分标准如下： （1）机车操作过程中，每错误一项扣2分，最高扣20分； （2）行车命令下发未及时签收，每次扣2分； （3）途中出现非正常情况未能及时处置，扣5分； （4）在规定时间内完成任务，每超过规定时间1 min扣1分，超过5 min考核立即停止	
职业素养 （10分）		基本要求 （3分）	（1）操作过程中，未按规定着装扣5分，着装不规范扣3分； （2）考试迟到，考核过程中做与考试无关的事，不服从考场安排，酌情扣1～10分； （3）作业完成后未整理、清扫工作现场，扣5分	
		操作规范 （7分）	（1）手比动作不正确或不规范，每处扣1分，最高扣7分； （2）呼唤应答用语不规范，每处扣1分，最高扣7分	
合计		100分		

试题 3-2-5　乙站至丙站（K7959 次）——特定引导改普通引导

1. 任务描述

考生先在作业任务书上写出机车司机一次出乘标准化作业流程及机车操纵流程，再进行机车司机出勤作业。作业任务书部分占总成绩的 30%。实操部分重点考核学生按照铁路司乘人员一次出乘标准化作业程序完成列车操纵任务的能力，实操部分占总成绩的 70%。

本任务按照铁道机车司机的作业标准，考核学生对机车司机一次出乘标准化作业及机车操纵规程的熟悉程度。

2. 实施条件（见表 72）

表 72　特定引导改普通引导实施条件

项目	基本实施条件	备注
场地	机车乘务员一次出乘标准化实训室	必备
行车备品	IC 卡、机车钥匙	必备
测评专家	须具备以下条件之一： （1）具备至少一年以上从事铁道机车驾驶的工作经验； （2）具备三年以上从事铁道机车专业教学经验和三个月以上的现场培训经历	必备

3. 考核时长

70 min，其中作业任务书编写时间 20 min，操作时间 50 min。

4. 评分细则（见表 73）

表 73　特定引导改普通引导评分细则

评价项目	考核内容及评分标准	备注
作业任务书编写（30 分）	学生考前完成机车一次出乘标准化作业流程及机车操纵流程作业任务书编写。满分 100 分，占总成绩 30%	

续表

评价项目			考核内容及评分标准	备注
作业过程 （20分）	出勤作业 （5分）		按照抽签顺序进入出勤台，按要求着装，使用正确的出勤用语，选择正确的三证两规，该步骤每错1项扣1分。 共计5分，扣完为止	出现明显失误，造成设备及元器件损坏等安全事故，或严重违反考场纪律，造成恶劣影响的，本次考核记0分
	操作过程	LKJ数据输入 （3分）	在LKJ数据输入过程中，输入不正确，每次扣1分；未进行手比眼看口呼的，每次扣1分。 共计3分，扣完为止	
		制动机试验 （6分）	在制动机试验过程中，未进行手比眼看口呼的，每次扣1分；未能进行列尾查询及车机联控的，每次扣1分。 共计6分，扣完为止	
		发车及途中车机联控 （6分）	在进行发车及途中作业执行车机联控时，每错、漏一次扣1分。 共计6分，扣完为止	
实作结果及质量 （40分）			实操作业质量由测评专家评判，扣分标准如下： （1）机车操作过程中，每错误一项扣2分，最高扣20分； （2）行车命令下发未及时签收，每次扣2分； （3）途中出现非正常情况未能及时处置，扣5分； （4）在规定时间内完成任务，每超过规定时间1min扣1分，超过5min考核立即停止	
职业素养 （10分）	基本要求 （3分）		（1）操作过程中，未按规定着装扣5分，着装不规范扣3分； （2）考试迟到，考核过程中做与考试无关的事，不服从考场安排，酌情扣1～10分； （3）作业完成后未整理、清扫工作现场，扣5分	
	操作规范 （7分）		（1）手比动作不正确或不规范，每处扣1分，最高扣7分； （2）呼唤应答用语不规范，每处扣1分，最高扣7分	
合计	100分			

试题 3-2-6　乙站至丁站（K7959 次）——信号机故障行车

1. 任务描述

考生先在作业任务书上写出机车司机一次出乘标准化作业流程及机车操纵流程，再进行机车司机出勤作业，作业任务书部分占总成绩的 30%。实操部分重点考核学生按照铁路司乘人员一次出乘标准化作业程序完成列车操纵任务，以及途中出现临时故障时的应急处置能力，实操部分占总成绩的 70%。

本任务按照铁道机车司机的作业标准，考核学生对机车司机一次出乘标准化作业及机车操纵规程的熟悉程度。

2. 实施条件（见表 74）

表 74　信号机故障行车实施条件

项目	基本实施条件	备注
场地	机车乘务员一次出乘标准化实训室	必备
行车备品	IC 卡、机车钥匙	必备
测评专家	须具备以下条件之一： （1）具备至少一年以上从事铁道机车驾驶的工作经验； （2）具备三年以上从事铁道机车专业教学经验和三个月以上的现场培训经历	必备

3. 考核时长

60 min，其中作业任务书编写时间 20 min，操作时间 40 min。

4. 评分细则（见表 75）

表 75　信号机故障行车评分细则

评价项目	考核内容及评分标准	备注
作业任务书编写（30 分）	学生考前完成机车一次出乘标准化作业流程及机车操纵流程作业任务书编写。满分 100 分，占总成绩 30%	

评价项目			考核内容及评分标准	备注
作业过程 （20分）		出勤作业 （5分）	按照抽签顺序进入出勤台，按要求着装，使用正确的出勤用语，选择正确的三证两规，该步骤每错1项扣1分。 共计5分，扣完为止	出现明显失误，造成设备及元器件损坏等安全事故，或严重违反考场纪律，造成恶劣影响的，本次考核记0分
	操作过程	LKJ数据输入 （3分）	在LKJ数据输入过程中，输入不正确每次扣1分；未进行手比眼看口呼的，每次扣1分。 共计3分，扣完为止	
		制动机试验 （6分）	在制动机试验过程中，未进行手比眼看口呼的，每次扣1分；未能进行列尾查询及车机联控的，每次扣1分。 共计6分，扣完为止	
		发车前呼唤应答 （6分）	在进行发车前作业执行手比眼看口呼时，每错、漏一次扣1分。 共计6分，扣完为止	
实作结果及质量 （40分）			实操作业质量由测评专家评判，扣分标准如下： （1）机车操作过程中，每错误一项扣2分，最高扣20分； （2）行车命令下发未及时签收，每次扣2分； （3）途中出现非正常情况未能及时处置，扣5分； （4）在规定时间内完成任务，每超过规定时间1 min扣1分，超过5 min考核立即停止	
职业素养 （10分）		基本要求 （3分）	（1）操作过程中，未按规定着装扣5分，着装不规范扣3分； （2）考试迟到，考核过程中做与考试无关的事，不服从考场安排，酌情扣1~10分； （3）作业完成后未整理、清扫工作现场，扣5分	
		操作规范 （7分）	（1）手比动作不正确或不规范，每处扣1分，最高扣7分； （2）呼唤应答用语不规范，每处扣1分，最高扣7分	
合计		100分		

试题 3-2-7 乙站至丙站（K7959 次）——进站信号突变行车

1. 任务描述

考生先在作业任务书上写出机车司机一次出乘标准化作业流程及机车操纵流程，再进行机车司机出勤作业。作业任务书部分占总成绩的 30%。实操部分重点考核学生按照铁路司乘人员一次出乘标准化作业程序完成列车操纵任务，以及在非正常情况下的应急处置能力，实操部分占总成绩的 70%。

本任务按照铁道机车司机的作业标准，考核学生对机车司机一次出乘标准化作业及机车操纵规程的熟悉程度。

2. 实施条件（见表 76）

表 76 进站信号突变行车实施条件

项目	基本实施条件	备注
场地	机车乘务员一次出乘标准化实训室	必备
行车备品	IC 卡、机车钥匙	必备
测评专家	须具备以下条件之一： （1）具备至少一年以上从事铁道机车驾驶的工作经验； （2）具备三年以上从事铁道机车专业教学经验和三个月以上的现场培训经历	必备

3. 考核时长

60 min，其中作业任务书编写时间 20 min，操作时间 40 min。

4. 评分细则（见表 77）

表 77 进站信号突变行车评分细则

评价项目	考核内容及评分标准	备注
作业任务书编写 （30 分）	学生考前完成机车一次出乘标准化作业流程及机车操纵流程作业任务书编写。满分 100 分，占总成绩 30%	

评价项目			考核内容及评分标准	备注
作业过程 （20分）		出勤作业 （5分）	按照抽签顺序进入出勤台，按要求着装，使用正确的出勤用语，选择正确的三证两规，该步骤每错1项扣1分。 共计5分，扣完为止	出现明显失误，造成设备及元器件损坏等安全事故，或严重违反考场纪律，造成恶劣影响的，本次考核记0分
	操作过程	LKJ数据输入 （3分）	在LKJ数据输入过程中，输入不正确，每次扣1分；未进行手比眼看口呼的，每次扣1分。 共计3分，扣完为止	
		制动机试验 （6分）	在制动机试验过程中，未进行手比眼看口呼的，每次扣1分；未能进行列尾查询及车机联控的，每次扣1分。 共计6分，扣完为止	
		发车及途中车机联控 （6分）	在进行发车及途中作业执行车机联控时，每错、漏一次扣1分。 共计6分，扣完为止	
实作结果及质量 （40分）			实操作业质量由测评专家评判，扣分标准如下： （1）机车操作过程中，每错误一项扣2分，最高扣20分； （2）行车命令下发未及时签收，每次扣2分； （3）途中出现非正常情况未能及时处置，扣5分； （4）在规定时间内完成任务，每超过规定时间1min扣1分，超过5min考核立即停止	
职业素养 （10分）		基本要求 （3分）	（1）操作过程中，未按规定着装扣5分，着装不规范扣3分； （2）考试迟到，考核过程中做与考试无关的事，不服从考场安排，酌情扣1~10分； （3）作业完成后未整理、清扫工作现场，扣5分	
		操作规范 （7分）	（1）手比动作不正确或不规范，每处扣1分，最高扣7分； （2）呼唤应答用语不规范，每处扣1分，最高扣7分	
合计		100分		

试题 3-2-8　乙站至丁站（K7959 次）——出站信号突变行车

1. 任务描述

考生先在作业任务书上写出机车司机一次出乘标准化作业流程及机车操纵流程，再进行机车司机出勤作业。作业任务书部分占总成绩的 30%。实操部分重点考核学生按照铁路司乘人员一次出乘标准化作业程序完成列车操纵任务，以及在非正常情况下的应急处置能力，实操部分占总成绩的 70%。

本任务按照铁道机车司机的作业标准，考核学生对机车司机一次出乘标准化作业及机车操纵规程的熟悉程度。

2. 实施条件（见表 78）

表 78　出站信号突变行车实施条件

项目	基本实施条件	备注
场地	机车乘务员一次出乘标准化实训室	必备
行车备品	IC 卡、机车钥匙	必备
测评专家	须具备以下条件之一： （1）具备至少一年以上从事铁道机车驾驶的工作经验； （2）具备三年以上从事铁道机车专业教学经验和三个月以上的现场培训经历	必备

3. 考核时长

60 min，其中作业任务书编写时间 20 min，操作时间 40 min。

4. 评分细则（见表 79）

表 79　出站信号突变行车评分细则

评价项目	考核内容及评分标准	备注
作业任务书编写 （30 分）	学生考前完成机车一次出乘标准化作业流程及机车操纵流程作业任务书编写。满分 100 分，占总成绩 30%	

续表

评价项目			考核内容及评分标准	备注
作业过程 （20分）	出勤作业 （5分）		按照抽签顺序进入出勤台，按要求着装，使用正确的出勤用语，选择正确的三证两规，该步骤每错1项扣1分。 共计5分，扣完为止	出现明显失误，造成设备及元器件损坏等安全事故，或严重违反考场纪律，造成恶劣影响的，本次考核记0分
	操作 过程	LKJ数据输入 （3分）	在LKJ数据输入过程中，输入不正确，每次扣1分；未进行手比眼看口呼的，每次扣1分。 共计3分，扣完为止	
		制动机试验 （6分）	在制动机试验过程中，未进行手比眼看口呼的，每次扣1分；未能进行列尾查询及车机联控的，每次扣1分。 共计6分，扣完为止	
		发车及途中车机联控 （6分）	在进行发车及途中作业执行车机联控时，每错、漏一次扣1分。 共计6分，扣完为止	
实作结果及质量 （40分）			实操作业质量由测评专家评判，扣分标准如下： （1）机车操作过程中，每错误一项扣2分，最高扣20分； （2）行车命令下发未及时签收，每次扣2分； （3）途中出现非正常情况未能及时处置，扣5分； （4）在规定时间内完成任务，每超过规定时间1 min扣1分，超过5 min考核立即停止	
职业素养 （10分）	基本要求 （3分）		（1）操作过程中，未按规定着装扣5分，着装不规范扣3分； （2）考试迟到，考核过程中做与考试无关的事，不服从考场安排，酌情扣1~10分； （3）作业完成后未整理、清扫工作现场，扣5分	
	操作规范 （7分）		（1）手比动作不正确或不规范，每处扣1分，最高扣7分； （2）呼唤应答用语不规范，每处扣1分，最高扣7分	
合计	100分			

模块 4　铁道机车的检修

项目 1　铁道机车电气部件的检修

试题 4-1-1　通电延时继电器的拆装与调试

1. 任务描述

（1）画出空气阻尼型通电延时继电器所有的图形符号和文字符号。

（2）对空气阻尼型延时继电器进行拆装，实现通电延时控制功能。

要求：除气囊整体不拆，其他要求全部解体。

（3）按照工作原理与结构，进行检测与调试。

（4）在考核过程中，注意人身和设备的安全。

2. 实施条件（见表 80）

表 80　通电延时继电器的拆装与调试实施条件

项目	基本实施条件	备注
场地	能满足 30 人同时进行的器件拆装实训室，配置有三相四线交流电源～3×380/220 V、20 A	必备
设施设备	圆珠笔、时间继电器、工作服等	必备
工具材料	万用表、钢丝钳、螺丝刀（包括十字螺丝刀、一字螺丝刀）、电工刀、尖嘴钳、活扳手、镊子、连接导线等	必备
测评专家	每 3 名考生配备一名考评员。考评员须为中级以上维修电工或者高低压电器装配工	必备

3. 考核时长

60 min。

4. 评分细则（见表 81）

表 81　通电延时继电器的拆装与调试评分细则

评价项目		考核内容及评分标准	备注
检修作业任务书编写（30 分）		（1）题意理解不清楚，酌情扣 1~20 分； （2）画通电延时继电器所有图形符号时，每错误一处扣 2 分； （3）画通电延时继电器所有文字符号，每错误一处扣 2 分； （4）任务书编号不合理，表述不清晰，酌情扣 1~10 分	出现明显失误，造成设备及元器件损坏等安全事故，或严重违反考场纪律，造成恶劣影响的，本次考核记 0 分
操作过程及作业质量（50 分）		（1）要求工具、材料准备齐全，规格型号相符，每缺或错一件扣 3 分； （2）要求防护项目齐全、防护操作规范，防护项目每缺一项扣 2 分，防护操作不规范每处扣 2 分； （3）步骤、方法不正确，每处扣 3 分； （4）未全部解体，扣 5 分； （5）零件或工具失落，每件扣 5 分； （6）定位不准，扣 5 分； （7）装配不正确，每件扣 5 分； （8）参数达不到技术要求，每处扣 5 分； （9）不能实现控制功能，扣 10 分； （10）时间控制合理，每超过 3 min 扣 5 分，超过 10 min 考核立即停止，未完成装配者扣 20 分	
职业素养（20 分）	基本要求（10 分）	（1）考试迟到，考核过程中做与考试无关的事，不服从考场安排，酌情扣 1~10 分； （2）操作过程中，工具、仪表、设备等摆放不整齐，扣 2 分； （3）作业完成后，未整理工具、清洁工作现场，扣 5 分	
	安全防护（10 分）	（1）没有正确穿戴个人防护用品，扣 10 分； （2）不遵守劳动安全规程，扣 5 分	
合计	100 分		

试题 4-1-2　交流接触器的拆装与调试

1. 任务描述

（1）画出交流接触器所有的图形符号和文字符号。

（2）对交流接触器进行拆装。

（3）安装完成后按照工作原理与结构，对交流接触器的功能进行检测与调试。

（4）在考核过程中，注意人身和设备的安全。

2. 实施条件（见表 82）

表 82　交流接触器的拆装与调试实施条件

项目	基本实施条件	备注
场地	能满足 30 人同时进行的器件拆装实训室， 配置有三相四线交流电源～3×380/220 V、20 A	必备
设施设备	（1）圆珠笔、交流接触器、绝缘鞋、工作服等； （2）连接导线	必备
工具	验电笔、钢丝钳、螺丝刀（包括十字螺丝刀、一字螺丝刀）、 电工刀、尖嘴钳、活扳手、镊子等	必备
测评专家	每 3 名考生配备一名考评员。考评员须为中级以上维修电工 或者高低压电器装配工	必备

3. 考核时长

60 min。

4. 评分细则（见表 83）

表 83 交流接触器的拆装与调试评分细则

评价项目		考核内容及评分标准	备注
检修作业任务书编写（30分）		（1）题意理解不清晰，酌情扣 1～20 分； （2）画交流接触器所有图形符号，每错误一处扣 3 分； （3）画交流接触器所有文字符号，每错误一处扣 2 分； （4）任务书编写不合理，表达不清晰，酌情扣 1～10 分	出现明显失误，造成设备及元器件损坏等安全事故，或严重违反考场纪律，造成恶劣影响的，本次考核记 0 分
操作过程及作业质量（50分）		（1）要求工具、材料准备齐全，规格型号相符，每缺或错一件扣 3 分； （2）要求防护项目齐全、防护操作规范，防护项目（工作服、工作帽等）每缺一项扣 2 分，防护操作不规范每处扣 2 分； （3）步骤、方法不正确，每处扣 3 分； （4）未全部解体，扣 5 分； （5）零件或工具失落，每件扣 5 分； （6）定位不准，扣 5 分； （7）装配不正确，每件扣 3 分； （8）参数达不到技术要求，每处扣 5 分； （9）不能实现控制功能，每处扣 10 分； （10）时间控制合理，每超过 3 min 扣 5 分，超过 10 min 考核立即停止，未完成装配者扣 20 分	
职业素养（20分）	基本要求（10分）	（1）考试迟到，考核过程中做与考试无关的事，不服从考场安排，酌情扣 1～10 分； （2）操作过程中，工具、仪表、设备等摆放不整齐，扣 2 分； （3）作业完成后，未整理工具、清洁工作现场，扣 5 分	
	安全防护（10分）	（1）没有正确穿戴个人防护用品，扣 10 分； （2）不遵守劳动安全规程，扣 5 分	
合计	100 分		

试题 4-1-3　中间继电器的拆装与调试

1. 任务描述

（1）画出中间继电器所有的图形符号和文字符号。

（2）对中间继电器进行拆装。

（3）安装完成后按照工作原理与结构，对中间继电器的功能进行检测与调试。

（4）在考核过程中，注意人身和设备的安全。

2. 实施条件（见表 84）

表 84　中间继电器的拆装与调试实施条件

项目	基本实施条件	备注
场地	能满足 30 人同时进行的器件拆装实训室， 配置有三相四线交流电源～3×380/220 V、20 A	必备
设施设备	（1）圆珠笔、中间继电器、绝缘鞋、工作服等； （2）连接导线	必备
工具	验电笔、钢丝钳、螺丝刀（包括十字螺丝刀、一字螺丝刀）、电工刀、尖嘴钳、活扳手、镊子等	必备
测评专家	每 3 名考生配备一名考评员。考评员须为中级以上维修电工或者高低压电器装配工	必备

3. 考核时长

60 min。

4. 评分细则（见表 85）

表 85　中间继电器的拆装与调试评分细则

评价项目		考核内容及评分标准	备注
检修作业任务书编写 （30分）		（1）题意理解不清楚，酌情扣 1～20 分； （2）画中间继电器所有图形符号，每错误一处扣 3 分； （3）画中间继电器所有文字符号，每错误一处扣 2 分； （4）任务书编写不合理，表达不清晰，酌情扣 1～10 分	出现明显失误，造成设备及元器件损坏等安全事故，或严重违反考场纪律，造成恶劣影响的，本次考核记 0 分
操作过程及作业质量 （50分）		（1）要求工具、材料准备齐全，规格型号相符，每缺或错一件扣 3 分； （2）要求防护项目齐全、防护操作规范，防护项目每缺一项扣 2 分，防护操作不规范每处扣 2 分； （3）步骤、方法不正确，每处扣 3 分； （4）未全部解体，扣 5 分； （5）零件或工具失落，每件扣 5 分； （6）定位不准，扣 5 分； （7）装配不正确，每件扣 5 分； （8）参数达不到技术要求，每处扣 5 分； （9）不能实现控制功能，扣 10 分； （10）时间控制合理，每超过 3 min 扣 5 分，超过 10 min 考核立即停止，未完成装配者扣 20 分	
职业素养 （20分）	基本要求 （10分）	（1）考试迟到，考核过程中做与考试无关的事，不服从考场安排，酌情扣 1～10 分； （2）操作过程中，工具、仪表、设备等摆放不整齐，扣 2 分； （3）作业完成后，未整理工具、清洁工作现场，扣 5 分	
	安全防护 （10分）	（1）没有正确穿戴个人防护用品，扣 10 分； （2）不遵守劳动安全规程，扣 5 分	
合计	100 分		

试题 4-1-4　受电弓检测及清洁作业

1. 任务描述

铁道机车维护检修中，当出现受电弓故障或进行周期检查时，须对受电弓进行检测，检测过程中若发现绝缘子、下臂等组成部件表面脏污，须对脏污设备进行清洁处理，确保铁道机车的运行安全。抽考时，要求学生利用受电弓教学模型，模拟机车检修工作人员作业流程，对受电弓进行检测作业，并对脏污设备进行清洁处理。

作业开始前，考评员向考生下发检修作业任务书一份，要求学生在检修作业任务书上设计受电弓检测及清洁工艺流程，然后再按照设计的工艺流程进行受电弓检测、清洁作业。考核结束后，考生将设计的受电弓检测工艺流程上交考评员。

考核过程中，考评员根据评分标准对考生受电弓检测及清洁作业的过程及作业质量进行打分。

2. 实施条件

手电筒、钢板尺、干净抹布、受电弓实训设备。

3. 考核时长

60 min。

4. 评分细则（见表 86）

表 86　受电弓检测及清洁作业评分细则

评价项目		考核内容及评分标准	备注
检修作业任务书编写 （30 分）		（1）画受电弓的结构图； （2）编写受电弓检测及清洁工艺流程。 共计 30 分，每错漏一处扣 2 分，扣完为止	
操作过程及 作业质量 （50 分）	作业前 准备 （10 分）	（1）检查作业服装穿戴是否整齐、安全帽是否佩戴，缺少该项扣除 5 分； （2）检查检修工具校验日期，缺少该项扣除 5 分，错漏一处扣 1 分	出现明显失误，造成设备及元器件损坏等安全事故，或严重违反考场纪律，造成恶劣影响的,本次考核记 0 分

评价项目		考核内容及评分标准	备注
操作过程及作业质量（50分）	操作过程（30分）	（1）按要求编制受电弓检测及清洁工艺流程： ① 确认接触网已断电、接地杆已挂设、停放制动已施加； ② 设置防护信号； ③ 工艺流程应包含：对受电弓 PU-4 管、受电弓支撑绝缘子、安装底座、碳滑板及弓头组装、活动关节、过渡轴承、上导杆、上臂组装、下导杆、下臂组装、升弓装置、ADD 系统、阻尼器、软辫线的检查，每缺少 1 项扣 2 分 （2）按照编制的工艺流程进行受电弓检测及清洁作业： ① 确认接触网已断电、接地杆已挂设、停放制动已施加； ② 设置防护信号； ③ 检查受电弓 PU-4 管； ④ 检查受电弓支撑绝缘子、安装底座； ⑤ 检查碳滑板及弓头组装； ⑥ 检查受电弓活动关节、过渡轴承、上导杆、上臂组装、下导杆、下臂组装、升弓装置、ADD 系统、阻尼器、软辫线； ⑦ 作业完成后撤除防护信号。 共计 30 分，以上各项每缺少 1 项扣 3 分，扣完为止。 （3）时间控制合理，每超过 3 min 扣 5 分，超过 10 min 考核立即停止，未完成作业者扣 20 分	出现明显失误，造成设备及元器件损坏等安全事故，或严重违反考场纪律，造成恶劣影响的，本次考核记 0 分
	作业质量标准（10分）	设置故障 5 项，其中隐蔽故障 2 项，非隐蔽故障 3 项。 共计 10 分，故障每漏 1 项扣 3 分，扣完为止	

续表

评价项目		考核内容及评分标准	备注
职业素养 （20分）	基本要求 （10分）	（1）工艺流程书写不规范，扣3分； （2）未正确执行铁道机车检修"四必"作业，扣5分； （3）考试迟到，考核过程中做与考试无关的事，不服从考场安排，酌情扣1~10分	出现明显失误，造成设备及元器件损坏等安全事故，或严重违反考场纪律，造成恶劣影响的，本次考核记0分
	安全防护 （10分）	不遵守劳动安全规程，扣10分	
合计	100分		

试题 4-1-5　受电弓气路检测

1. 任务描述

铁道机车维护检修中，当出现受电弓故障或进行周期检查时，须对受电弓气路进行检查，确保铁道机车的运行安全。抽考时，要求学生利用受电弓教学模型，模拟受电弓检修作业流程，对受电弓气路进行检测。

作业开始前，考评员向考生下发检修作业任务书一份，要求学生在检修作业任务书上设计受电弓气路检测工艺流程，然后再按照设计的工艺流程进行受电弓气路检测作业。考核结束后，考生将设计的气路检查工艺流程上交考评员。

考核过程中，考评员根据评分标准对考生受电弓气路检测作业过程及作业质量进行打分。

2. 实施条件

手电筒、干净抹布、测漏液、受电弓实训设备。

3. 考核时长

60 min。

4. 评分细则（见表 87）

表 87　受电弓气路检测评分细则

评价项目		考核内容及评分标准	备注
检修作业任务书编写 （30 分）		（1）画受电弓的结构图； （2）编写受电弓气路检测工艺流程。 共计 30 分，每错漏一处扣 2 分，扣完为止	
操作过程及 作业质量 （50 分）	作业前 准备 （10 分）	（1）检查作业服装穿戴是否整齐、安全帽是否佩戴，缺少该项扣除 5 分； （2）检查检修工具校验日期，缺少该项扣除 5 分，错漏一处扣 1 分	出现明显失误，造成设备及元器件损坏等安全事故，或严重违反考场纪律，造成恶劣影响的，本次考核记 0 分
	操作过程 （30 分）	（1）按要求编制受电弓气路检测工艺流程： ① 确认接触网已断电、接地杆已挂设、停放制动已施加； ② 设置防护信号； ③ 工艺流程应包含：对升弓装置、ADD 系统及碳滑板的气路检测，作业过程应包含外观检查、测漏液喷施及升弓检查三个部分。 共计 30 分，以上各项每缺少 1 项扣 2 分，扣完为止 （2）按照编制的工艺流程进行受电弓气路检测： ① 确认接触网已断电、接地杆已挂设、停放制动已施加； ② 设置防护信号； ③ 检查升弓装置、ADD 装置、碳滑板外观； ④ 使用测漏液检查受电弓升弓装置、ADD 装置及碳滑板气路； ⑤ 升起受电弓，进一步确认气路是否有故障； ⑥ 作业完成后撤除防护信号。 共计 30 分，以上各项每缺少 1 项扣 3 分，扣完为止。 （3）时间控制合理，每超过 3 min 扣 5 分，超过 10 min 考核立即停止，未完成作业者扣 20 分	

续表

评价项目		考核内容及评分标准	备注
操作过程及作业质量（50分）	作业质量标准（10分）	设置故障 5 项，其中隐蔽故障 2 项，非隐蔽故障 3 项。 共计 10 分，故障每漏 1 项扣 3 分，扣完为止	出现明显失误，造成设备及元器件损坏等安全事故，或严重违反考场纪律，造成恶劣影响的，本次考核记 0 分
职业素养（20分）	基本要求（10分）	（1）工艺流程书写不规范，扣 3 分； （2）未正确执行铁道机车检修"四必"作业，扣 5 分； （3）考试迟到，考核过程中做与考试无关的事，不服从考场安排，酌情扣 1～10 分	
	安全防护（10分）	不遵守劳动安全规程，扣 10 分	
合计	100 分		

试题 4-1-6　受电弓升弓高度测量及调整

1. 任务描述

铁道机车维护检修中，当出现受电弓故障或进行周期检查时，须对受电弓升弓高度进行测量，确保铁道机车的运行安全，测量过程中若发现升弓高度错误，须进行调整。抽考时，要求学生利用受电弓教学模型，模拟受电弓检修作业流程，对受电弓升弓高度进行测量，如升弓高度错误，须进行调整。

作业开始前，考评员向考生下发检修作业任务书一份，要求学生在检修作业任务书上设计受电弓升弓高度测量及调整工艺流程，然后再按照设计的工艺流程进行受电弓升弓高度测量及调整作业。考试结束后，考生将设计的受电弓升弓高度测量及调整工艺流程上交考评员。

考核过程中，考评员根据评分标准对考生受电弓升弓高度测量及调整作业过程及作业质量进行打分。

2. 实施条件

手电筒、干净抹布、扳手、手钳、卷尺、受电弓实训设备。

3. 考核时长

60 min。

4. 评分细则（见表 88）

表 88　受电弓升弓高度测量及调整评分细则

评价项目		考核内容及评分标准	备注
检修作业任务书编写 （30分）		（1）画受电弓的结构图； （2）编写受电弓升弓高度测量及调整工艺流程； 共计30分，每错漏一处扣2分，扣完为止	
操作过程及 作业质量 （50分）	作业前 准备 （10分）	（1）检查作业服装穿戴是否整齐、安全帽是否佩戴，缺少该项扣除5分； （2）检查检修工具校验日期，缺少该项扣除5分，错漏一处扣1分	出现明显失误，造成设备及元器件损坏等安全事故，或严重违反考场纪律，造成恶劣影响的，本次考核记0分
	操作过程 （30分）	（1）按要求编制受电弓升弓高度测量及调整工艺流程： ① 确认接触网已断电、接地杆已挂设、停放制动已施加； ② 设置防护信号； ③ 工艺流程应包含：对受电弓 PU-4 管、支撑绝缘子、安装底座、碳滑板及弓头组装、活动关节、过渡轴承、上导杆、上臂组装、下导杆、下臂组装、升弓装置、ADD 系统、阻尼器、软辫线的外观检查；申请受电弓升弓及升弓高度的范围；受电弓升弓高度的调整。 共计30分，以上各项每缺少1项扣2分，扣完为止 （2）按照编制的工艺流程进行受电弓升弓高度测量及调整： ① 确认接触网已断电、接地杆已挂设、停放制动已施加； ② 设置防护信号； ③ 检查受电弓 PU-4 管、支撑绝缘子、安装底座、碳滑板及弓头组装、活动关节、过渡轴承、上导杆、上臂组装、下导杆、下臂组装、升弓装置、ADD 系统、阻尼器、软辫线的外观； ④ 升起受电弓，并对受电弓高度进行测量； ⑤ 调整受电弓高度，使其处于正确范围之内； ⑥ 作业完成后撤除防护信号。 共计30分，以上各项每缺少1项扣3分，扣完为止 （3）时间控制合理，每超过 3 min 扣 5 分，超过10 min 考核立即停止，未完成作业者扣20分	

续表

评价项目		考核内容及评分标准	备注
操作过程及作业质量（50分）	作业质量标准（10分）	（1）正确测量受电弓升弓高度，未测量或测不准扣3分； （2）调整受电弓高度至正确范围，未调整扣10分	出现明显失误，造成设备及元器件损坏等安全事故，或严重违反考场纪律，造成恶劣影响的，本次考核记0分
职业素养（20分）	基本要求（10分）	（1）工艺流程书写不规范，扣3分； （2）未正确执行铁道机车检修"四必"作业，扣5分； （3）考试迟到，考核过程中做与考试无关的事，不服从考场安排，酌情扣1～10分	
	安全防护（10分）	不遵守劳动安全规程，扣10分	
合计	100分		

试题 4-1-7　受电弓升降弓时间检测

1. 任务描述

铁道机车维护检修中，当出现受电弓故障或进行周期检查时，须对受电弓升降弓时间进行检测，确保铁道机车的运行安全。抽考时，要求学生利用受电弓教学模型，模拟受电弓检修作业流程，对受电弓升降弓时间进行检测。

作业开始前，考评员向考生下发检修作业任务书一份，要求学生在检修作业任务书上设计受电弓升降弓时间检测工艺流程，然后再按照设计的工艺流程进行受电弓升降弓时间检测作业。考试结束后，考生将设计的受电弓升降弓检测工艺流程上交考评员。

考核过程中，考评员根据评分标准对考生受电弓升降弓时间检测作业过程及作业质量进行打分。

2. 实施条件

手电筒、干净抹布、秒表、受电弓实训设备。

3. 考核时长

60 min。

4. 评分细则（见表 89）

表 89　受电弓升降弓时间检测评分细则

评价项目		考核内容及评分标准	备注
检修作业任务书编写（30分）		（1）画受电弓的结构图； （2）编写受电弓升降弓时间检测工艺流程。 共计 30 分，每错漏一处扣 2 分，扣完为止	出现明显失误，造成设备及元器件损坏等安全事故，或严重违反考场纪律，造成恶劣影响的，本次考核记 0 分
操作过程及作业质量（50分）	作业前准备（10分）	（1）检查作业服装穿戴是否整齐、安全帽是否佩戴，缺少该项扣除 5 分； （2）检查检修工具校验日期，缺少该项扣除 5 分，错漏一处扣 1 分	
	操作过程（30分）	（1）按要求编制受电弓升降弓时间检测工艺流程： ① 确认接触网已断电、接地杆已挂设、停放制动已施加； ② 设置防护信号； ③ 工艺流程应包含：对受电弓 PU-4 管、支撑绝缘子、安装底座、碳滑板及弓头组装、活动关节、过渡轴承、上导杆、上臂组装、下导杆、下臂组装、升弓装置、ADD 系统、阻尼器、软辫线的外观检查； ④ 工艺流程应给出正确的受电弓升弓时间、降弓时间及正确的升降弓时间范围。 共计 30 分，以上各项每缺少 1 项扣 2 分，扣完为止。 （2）按照编制的工艺流程进行受电弓升降弓时间检测： ① 确认接触网已断电、接地杆已挂设、停放制动已施加； ② 设置防护信号； ③ 检查受电弓 PU-4 管、支撑绝缘子、安装底座、碳滑板及弓头组装、活动关节、过渡轴承、上导杆、上臂组装、下导杆、下臂组装、升弓装置、ADD 系统、阻尼器、软辫线的外观； ④ 升起受电弓，并测量受电弓升弓时间； ⑤ 降下受电弓，并测量受电弓降弓时间； ⑥ 作业完成后撤除防护信号。 共计 30 分，以上各项每缺少 1 项扣 3 分，扣完为止。 （3）时间控制合理，每超过 3 min 扣 5 分，超过 10 min 考核立即停止，未完成作业者扣 20 分	

评价项目		考核内容及评分标准	备注
操作过程及作业质量（50分）	作业质量标准（10分）	（1）正确测量受电弓升降弓时间，未测量或测不准扣3分； （2）判断受电弓升降弓时间的正确性，未判断扣8分	出现明显失误，造成设备及元器件损坏等安全事故，或严重违反考场纪律，造成恶劣影响的，本次考核记0分
职业素养（20分）	基本要求（10分）	（1）工艺流程书写不规范，扣3分； （2）未正确执行铁道机车检修"四必"作业，扣5分； （3）考试迟到，考核过程中做与考试无关的事，不服从考场安排，酌情扣1～10分	
	安全防护（10分）	不遵守劳动安全规程，扣10分	
合计	100分		

试题 4-1-8　受电弓与接触网压力检测

1. 任务描述

铁道机车维护检修中，当出现受电弓故障或进行周期检查时，须对受电弓与接触网压力进行测量，并判断其正确性，确保铁道机车的运行安全。抽考时，要求学生利用受电弓教学模型，模拟受电弓检修作业流程，对受电弓与接触网压力进行检测。

作业开始前，考评员向考生下发检修作业任务书一份，要求学生在检修作业任务书上设计受电弓与接触网压力检测工艺流程，然后再按照设计的工艺流程进行受电弓与接触网压力检测作业。考试结束后，考生将设计的受电弓与接触网压力检测工艺流程上交考评员。

考核过程中，考评员根据评分标准对考生受电弓与接触网压力检测作业过程及作业质量进行打分。

2. 实施条件

手电筒、干净抹布、弹簧拉力计、受电弓实训设备。

3. 考核时长

60 min。

4. 评分细则（见表90）

表90　受电弓与接触网压力检测评分细则

评价项目		考核内容及评分标准	备注
检修作业任务书编写（30分）		（1）画受电弓的结构图； （2）编写受电弓与接触网压力检测工艺流程。 共计30分，每错漏一处扣2分，扣完为止	
操作过程及作业质量（50分）	作业前准备（10分）	（1）检查作业服装穿戴是否整齐、安全帽是否佩戴，缺少该项扣除5分； （2）检查检修工具校验日期，缺少该项扣除5分，错漏一处扣1分	出现明显失误，造成设备及元器件损坏等安全事故，或严重违反考场纪律，造成恶劣影响的，本次考核记0分
	操作过程（30分）	（1）按要求编制受电弓与接触网接触压力检测工艺流程： ①确认接触网已断电、接地杆已挂设、停放制动已施加； ②设置防护信号； ③工艺流程应包含：对受电弓PU-4管、支撑绝缘子、安装底座、碳滑板及弓头组装、活动关节、过渡轴承、上导杆、上臂组装、下导杆、下臂组装、升弓装置、ADD系统、阻尼器、软辫线的外观检查； ④工艺流程应给出正确的受电弓与接触网接触压力范围。 共计30分，以上各项每缺少1项扣2分，扣完为止 （2）按照编制的工艺流程进行受电弓与接触网接触压力检测： ①确认接触网已断电、接地杆已挂设、停放制动已施加； ②设置防护信号； ③检查受电弓PU-4管、支撑绝缘子、安装底座、碳滑板及弓头组装、活动关节、过渡轴承、上导杆、上臂组装、下导杆、下臂组装、升弓装置、ADD系统、阻尼器、软辫线的外观； ④升起受电弓，测量受电弓与接触网接触压力； ⑤作业完成后，撤除防护信号。 共计30分，以上各项每缺少1项扣3分，扣完为止 （3）时间控制合理，每超过3min扣5分，超过10min考核立即停止，未完成作业者扣20分	

续表

评价项目		考核内容及评分标准	备注
操作过程及作业质量（50分）	作业质量标准（10分）	（1）正确测量受电弓与接触网接触压力，未测量或测不准，扣3分； （2）判断受电弓与接触网接触压力的正确性，未判断，扣8分	出现明显失误，造成设备及元器件损坏等安全事故，或严重违反考场纪律，造成恶劣影响的，本次考核记0分
职业素养（20分）	基本要求（10分）	（1）工艺流程书写不规范，扣3分； （2）未正确执行铁道机车检修"四必"作业，扣5分； （3）考试迟到，考核过程中做与考试无关的事，不服从考场安排，酌情扣1～10分	
	安全防护（10分）	不遵守劳动安全规程，扣10分	
合计	100分		

试题 4-1-9 三相异步牵引电机检测

1. 任务描述

正确使用兆欧表测量三相异步牵引电机的绝缘电阻，判断牵引电机绝缘性能是否良好，写出检测步骤与结果。

正确使用单臂电桥测量三相异步电机三相绕组的电阻，判断三相绕组电阻是否平衡，写出检测步骤与结果。

2. 实施条件（见表91）

表91 三相异步牵引电机检测实施条件

项目	基本实施条件	备注
场地	电工实验台位20个，室内照明通风良好	必备
仪表	兆欧表20块（附配套测量连接线）、单臂电桥20块、双臂电桥20块	必备
材料	小型三相异步电机20台（绝缘性能有好有坏）	必备
工具	剥线钳、斜口钳、压线钳	根据需要配置
测评专家	每10名考生配备一名考评员。考评员须为中级以上维修电工或者高低压电器装配工	必备

3. 考核时长

60 min。

4. 评价标准（见表 92）

表 92　三相异步牵引电机检测评分细则

评价项目		考核内容及评分标准	备注
检修作业任务书编写（30 分）		（1）画三相异步牵引电机的结构图； （2）编写三相异步牵引电机检测工艺流程。 共计 30 分，每错漏一处扣 2 分，扣完为止	
操作过程及作业质量（50 分）	作业前准备（5 分）	（1）要求工具、材料准备齐全，规格型号相符，每缺或错一件扣 5 分； （2）要求防护项目齐全、防护操作规范，防护项目每缺一项扣 3 分，防护操作不规范每处扣 2 分。 共计 10 分，扣完为止	出现明显失误，造成设备及元器件损坏等安全事故，或严重违反考场纪律，造成恶劣影响的，本次考核记 0 分
	操作过程（10 分）	（1）未检查仪表好坏扣 5 分，检查方法错误扣 5 分； （2）使用仪表操作不规范，每处酌情扣 1~6 分。 共计 10 分，扣完为止	
	绝缘电阻检测（10 分）	（1）测量三相绕组对地的绝缘电阻、三相绕组之间的绝缘电阻，每少测一项扣 4 分；测量结果不准确，每项扣 2.5 分； （2）不能根据测量结果判别绝缘电阻是否合格，扣 5 分	
	三相绕组电阻测量（10 分）	（1）测量 U 相、V 相、W 相绕组电阻，每缺少一项扣 10 分；测量结果不准确，每项扣 5 分。 （2）测量步骤不正确，酌情扣 1~6 分	

续表

评价项目		考核内容及评分标准	备注
操作过程及作业质量（50分）	绝缘电阻测量（10分）	（1）测量三相绕组对地的绝缘电阻、三相绕组之间的绝缘电阻，每测一项扣4分；测量结果不准确，每项扣2.5分。 （2）不能根据测量结果判别电机绝缘电阻是否合格，扣5分	出现明显失误，造成设备及元器件损坏等安全事故，或严重违反考场纪律，造成恶劣影响的，本次考核记0分
	时间控制（5分）	时间控制合理，每超过1 min扣1分，超过5 min考核立即停止	
职业素养（20分）	基本要求（10分）	（1）考试迟到，考核过程中做与考试无关的事，不服从考场安排，酌情扣1~10分； （2）操作过程中，工具、仪表、设备等摆放不整齐，扣2分； （3）作业完成后，未整理工具、清洁工作现场，扣5分	
	安全防护（10分）	（1）没有正确穿戴个人防护用品，扣10分； （2）不遵守劳动安全规程，扣5分	
合计	100分		

试题4-1-10　机车交流接触器质量检测

1. 任务描述

正确使用双臂电桥测量交流接触器三对常闭触点的接触电阻，判别三对触点间的接触是否良好，写出检测步骤与结果。

正确使用单臂电桥测量交流接触器线圈的电阻，判断有无匝间短路，写出检测步骤与结果。

2. 实施条件（见表93）

表93　机车交流接触器质量检测实施条件

项目	基本实施条件	备注
场地	电工实验台位20个，室内照明通风良好	必备
仪表	双臂电桥20块（附配套测量连接线）、单臂电桥20块	必备

项目	基本实施条件	备注
材料	小型三相异步电机 20 台（绝缘性能有好有坏）	必备
工具	剥线钳、斜口钳、压线钳	根据需要配置
测评专家	每 10 名考生配备一名考评员。考评员须为中级以上维修电工或者高低压电器装配工	必备

3. 考核时长

60 min。

4. 评价标准（见表 94）

表 94　机车交流接触器质量检测评分细则

评价项目		考核内容及评分标准	备注
检修作业任务书编写（30 分）		（1）画机车交流接触器的结构图； （2）编写机车交流接触器质量检测工艺流程 共计 30 分，每错漏一处扣 2 分，扣完为止	
操作过程及作业质量（50 分）	作业前准备（10 分）	（1）要求工具、材料准备齐全，规格型号相符，每缺或错一件扣 5 分； （2）要求防护项目齐全、防护操作规范，防护项目每缺一项扣 3 分，防护操作不规范每处扣 2 分	出现明显失误，造成设备及元器件损坏等安全事故，或严重违反考场纪律，造成恶劣影响的，本次考核记 0 分
	操作过程（10 分）	（1）未检查仪表好坏扣 10 分，检查方法错误扣 5 分； （2）仪表操作不规范，每处酌情扣 1～6 分	
	接触电阻测量（10 分）	（1）测量结果错误，每项扣 10 分； （2）测量结果不准确，酌情扣 2～4 分	
	线圈电阻测量（10 分）	（1）测量结果错误，扣 20 分； （2）测量结果不准确，扣 5 分； （3）测量步骤不正确，酌情扣 2～10 分	

续表

评价项目		考核内容及评分标准	备注
操作过程及作业质量（50分）	时间控制（10分）	时间控制合理，每超过1 min扣2分，超过5 min考核立即停止	出现明显失误，造成设备及元器件损坏等安全事故，或严重违反考场纪律，造成恶劣影响的，本次考核记0分
职业素养（20分）	基本要求（10分）	（1）考试迟到，考核过程中做与考试无关的事，不服从考场安排，酌情扣1~10分；（2）操作过程中，工具、仪表、设备等摆放不整齐，扣2分；（3）作业完成后，未整理工具、清洁工作现场，扣5分	
	安全防护（10分）	（1）没有正确穿戴个人防护用品，扣10分；（2）不遵守劳动安全规程，扣5分	
合计	100分		

项目2　铁道机车机械部件的检修

试题4-2-1　104型分配阀主阀分解

1. 任务描述

某机务段承接了一批104型分配阀主阀的段修工作，需要按照《铁路机车检修规程》的要求和104型分配阀主阀分解作业标准完成104型分配阀主阀分解作业，并正确填写相关技术文件。

2. 实施条件（见表95）

表95　104型分配阀主阀分解实施条件

项目	基本实施条件	备注
场地	考场面积20 m²，采光条件良好	必备
设施	104型分配阀主阀	必备

续表

项目	基本实施条件	备注
材料	棉纱	必备
工具	活（呆）扳手、管钳子、手锤、螺丝刀、尖嘴钳、弹簧卡钳、配件盒	必备
测评专家	具备本专业考评资格的人员	必备

3. 考核时长

60 min。

4. 评分细则（见表 96）

表 96   104 型分配阀主阀分解评分细则

评价项目		考核内容及评分标准	备注
检修作业任务书编写（30 分）		（1）画 104 型分配阀主阀的结构图； （2）编写 104 型分配阀主阀分解工艺流程。 共计 30 分，每错漏一处扣 2 分，扣完为止	
操作过程及作业质量（50 分）	作业前准备（10 分）	（1）个人保护用品穿戴齐备，每错漏一处扣 2 分； （2）防护措施到位，每错漏一处扣 2 分； （3）工量具准备到位，每错漏一处扣 2 分	出现明显失误，造成设备及元器件损坏等安全事故，或严重违反考场纪律，造成恶劣影响的，本次考核记 0 分
	操作过程（20 分）	（1）作业顺序出现差错，扣 5 分； （2）弹簧或卡簧飞出，扣 5 分； （3）分解时伤及铜件，扣 10 分； （4）分解时损伤密封件，扣 5 分； （5）工具及零件掉落，扣 10 分； （6）工具选择不合理，扣 5 分	

续表

评价项目		考核内容及评分标准	备注
操作过程及作业质量（50分）	作业质量标准（10分）	（1）零部件齐全，每遗漏一个零部件扣5分； （2）分解后零部件未分类放至配件盒，扣10分； （3）按规定程序进行作业，作业程序混乱扣5分	出现明显失误，造成设备及元器件损坏等安全事故，或严重违反考场纪律，造成恶劣影响的，本次考核记0分
	时间控制（10分）	时间控制合理，每超过1 min扣2分，超过5 min考核立即停止	
职业素养（20分）	基本要求（10分）	（1）考试迟到，考核过程中做与考试无关的事，不服从考场安排，酌情扣1～10分； （2）操作过程中，工具、仪表、设备等摆放不整齐，扣2分； （3）作业完成后，未整理工具、清洁工作现场，扣5分	
	安全防护（10分）	不遵守劳动安全规程，扣10分	
合计	100分		

试题 4-2-2　104 型分配阀紧急阀分解

1. 任务描述

某机务段承接了一批104型分配阀紧急阀的段修工作，需要按照《铁路机车检修规程》的要求和104型分配阀紧急阀分解作业标准完成104型分配阀紧急阀分解作业，并正确填写相关技术文件。

2. 实施条件（见表97）

表 97　104 型分配阀紧急阀分解实施条件

项目	基本实施条件	备注
场地	考场面积20 m²，采光条件良好	必备
设施	104型分配阀紧急阀	必备

项目	基本实施条件	备注
材料	棉纱	必备
工具	活（呆）扳手、管钳子、手锤、螺丝刀、尖嘴钳、弹簧卡钳、配件盒	必备
测评专家	具备本专业考评资格的人员	必备

3. 考核时长

60 min。

4. 评分细则（见表98）

表98　104型分配阀紧急阀分解评分细则

评价项目		考核内容及评分标准	备注
检修作业任务书编写（30分）		（1）画104型分配阀紧急阀的结构图； （2）编写104型分配阀紧急阀分解工艺流程。 共计30分，每错漏一处扣2分，扣完为止	出现明显失误，造成设备及元器件损坏等安全事故，或严重违反考场纪律，造成恶劣影响的，本次考核记0分
操作过程及作业质量（50分）	作业前准备（10分）	（1）个人保护用品穿戴齐备，每错漏一处扣2分； （2）防护措施到位，每错漏一处扣2分； （3）工量具准备到位，每错漏一处扣2分	
	操作过程（20分）	（1）作业顺序出现差错，扣5分； （2）弹簧或卡簧飞出，扣5分； （3）分解时伤及铜件，扣10分； （4）分解时损伤密封件，扣5分； （5）工具及零件掉落，扣10分； （6）工具选择不合理，扣5分	

续表

评价项目		考核内容及评分标准	备注
操作过程及作业质量（50分）	作业质量标准（10分）	（1）零部件齐全，每遗漏一个零部件扣5分； （2）分解后零部件未分类放至配件盒，扣10分； （3）按规定程序进行作业，作业程序混乱扣5分	出现明显失误，造成设备及元器件损坏等安全事故，或严重违反考场纪律，造成恶劣影响的，本次考核记0分
	时间控制（10分）	时间控制合理，每超过1 min扣2分，超过5 min考核立即停止	
职业素养（20分）	基本要求（10分）	（1）考试迟到，考核过程中做与考试无关的事，不服从考场安排，酌情扣1～10分； （2）操作过程中，工具、仪表、设备等摆放不整齐，扣2分； （3）作业完成后，未整理工具、清洁工作现场，扣5分	
	安全防护（10分）	不遵守劳动安全规程，扣10分	
合计	100分		

试题 4-2-3　机车电空阀解体与组装

1. 任务描述

某机务段承接了一批电空阀的段修工作，需要按照《铁路机车检修规程》的要求完成机车电空阀解体与组装作业，并正确填写相关技术文件。

2. 实施条件（见表99）

表 99　机车电空阀解体与组装实施条件

项目	基本实施条件	备注
场地	考场面积20 m²，采光条件良好	必备
设施	TFK型电空阀零部件	必备

续表

项目	基本实施条件	备注
材料	棉纱、记录纸	必备
工具	活（呆）扳手、手锤、螺丝刀、尖嘴钳、弹簧卡钳、配件盒	必备
测评专家	具备本专业考评资格的人员	必备

3. 考核时长

60 min。

4. 评分细则（见表 100）

表 100　机车电空阀解体与组装评分细则

评价项目		考核内容及评分标准	备注
检修作业任务书编写（30分）		（1）画机车电空阀的结构图； （2）编写机车电空阀分解工艺流程。 共计 30 分，每错漏一处扣 2 分，扣完为止	
操作过程及作业质量（50分）	作业前准备（10分）	（1）个人保护用品穿戴齐备，每错漏一处扣 2 分； （2）防护措施到位，每错漏一处扣 2 分； （3）工量具准备到位，每错漏一处扣 2 分	出现明显失误，造成设备及元器件损坏等安全事故，或严重违反考场纪律，造成恶劣影响的，本次考核记 0 分
	操作过程（20分）	（1）作业顺序出现差错，扣 5 分； （2）弹簧或卡簧飞出，扣 5 分； （3）分解时伤及铜件，扣 10 分； （4）分解时损伤密封件，扣 5 分； （5）工具及零件掉落，扣 10 分； （6）工具选择不合理，扣 5 分	
	作业质量标准（10分）	（1）零部件齐全，每遗漏一个零部件扣 5 分； （2）分解后零部件未分类放至配件盒，扣 10 分； （3）按规定程序进行作业，作业程序混乱扣 5 分	
	时间控制（10分）	时间控制合理，每超过 1 min 扣 2 分，超过 5 min 考核立即停止	

续表

评价项目		考核内容及评分标准	备注
职业素养（20分）	基本要求（10分）	（1）考试迟到，考核过程中做与考试无关的事，不服从考场安排，酌情扣1～10分； （2）操作过程中，工具、仪表、设备等摆放不整齐，扣2分； （3）作业完成后，未整理工具、清洁工作现场，扣5分	出现明显失误，造成设备及元器件损坏等安全事故，或严重违反考场纪律，造成恶劣影响的，本次考核记0分
	安全防护（10分）	不遵守劳动安全规程，扣10分	
合计	100分		

试题 4-2-4　轮对踏面尺寸测量

1. 任务描述

某机务段承接了一批轮对检修作业任务，需要按照《铁路机车检修规则》的要求和轮对尺寸测量作业标准完成轮对两车轮踏面尺寸（包括踏面磨耗、踏面擦伤或剥离的长度、踏面擦伤或剥离的深度）的测量，并判断轮对是否符合检修限度的要求，正确填写相关技术文件。

2. 实施条件（见表101）

表 101　轮对踏面尺寸测量实施条件

项目	基本实施条件	备注
场地	考场面积20 m²，地面平整，采光条件良好	必备
设施	RD2型或RE2型轮对	必备
材料	粉笔、棉纱、车统-51C	必备
工具	LLJ-4A或LLJ-4B或LLJ-4D型第四种检查器，精度等级0.02 mm	必备
测评专家	具备本专业考评资格的人员	必备

3. 考核时长

60 min。

4. 评分细则（见表 102）

表 102　轮对踏面尺寸测量评分细则

评价项目		考核内容及评分标准	备注
检修作业任务书编写（30 分）		（1）画轮对的结构图； （2）编写轮对踏面尺寸测量工艺流程。 共计 30 分，每错漏一处扣 2 分，扣完为止	
操作过程及作业质量（50 分）	作业前准备（10 分）	（1）个人保护用品穿戴齐备，每错漏一处扣 2 分； （2）防护措施到位，每错漏一处扣 2 分； （3）工量具准备到位，每错漏一处扣 2 分	出现明显失误，造成设备及元器件损坏等安全事故，或严重违反考场纪律，造成恶劣影响的，本次考核记 0 分
	操作过程（20 分）	（1）作业过程中执行检修作业手比口呼标准，错漏一处扣 2 分； （2）检查确认量具各部技术状态，未确认扣 2 分； （3）清理擦伤或剥离处杂质，未清理扣 5 分； （4）尺身应与车轴中心线垂直，未垂直扣 5 分； （5）E 边应与轮缘内侧面贴紧，未贴紧扣 5 分； （6）A 点应与轮缘顶点接触，未接触扣 5 分； （7）测尺应移至缺陷凹入最深处，未移入扣 5 分	

续表

评价项目		考核内容及评分标准	备注
操作过程及作业质量（50分）	作业质量标准（10分）	（1）正确读数（允许误差±0.1 mm），每超±0.1 mm扣2分； （2）填写车统-51C，每涂改、错填一处扣2分； （3）按规定程序进行作业，作业程序混乱扣5分	出现明显失误，造成设备及元器件损坏等安全事故，或严重违反考场纪律，造成恶劣影响的，本次考核记0分
	时间控制（10分）	时间控制合理，每超过1 min扣1分，超过5 min考核立即停止	
职业素养（20分）	基本要求（10分）	（1）考试迟到，考核过程中做与考试无关的事，不服从考场安排，酌情扣1~10分； （2）操作过程中，工具、仪表、设备等摆放不整齐，扣2分； （3）作业完成后，未整理工具、清洁工作现场，扣5分	
	安全防护（10分）	不遵守劳动安全规程，扣10分	
合计	100分		

试题 4-2-5　轮对轮缘尺寸测量

1. 任务描述

某机务段承接了一批轮对的检修作业任务，需要按照《铁路机车检修规则》的要求和轮对尺寸测量作业标准完成轮对两车轮轮缘尺寸（包括轮缘厚度、轮缘高度和轮缘垂直磨耗）测量工作，并判断轮对是否符合检修限度的要求，正确填写相关技术文件。

2. 实施条件（见表 103）

表 103　轮对轮缘尺寸测量实施条件

项目	基本实施条件	备注
场地	考场面积 20 m²，地面平整，采光条件良好	必备
设施	RD2 型或 RE2 型轮对	必备
材料	粉笔、棉纱、车统–51C	必备
工具	LLJ–4A 或 LLJ–4B 或 LLJ–4D 型第四种检查器，精度等级 0.02 mm	必备
测评专家	具备本专业考评资格的人员	必备

3. 考核时长

60 min。

4. 评分细则（见表 104）

表 104　轮对轮缘尺寸测量评分细则

评价项目		考核内容及评分标准	备注
检修作业任务书编写 （30 分）		（1）画轮对的结构图； （2）编写轮对轮缘尺寸测量工艺流程。 共计 30 分，每错漏一处扣 2 分，扣完为止	
操作过程及作业质量 （50 分）	作业前准备 （10 分）	（1）个人保护用品穿戴齐备，每错漏一处扣 2 分； （2）防护措施到位，每错漏一处扣 2 分； （3）工量具准备到位，每错漏一处扣 2 分	出现明显失误，造成设备及元器件损坏等安全事故，或严重违反考场纪律，造成恶劣影响的，本次考核记 0 分

续表

评价项目		考核内容及评分标准	备注
操作过程及作业质量（50分）	操作过程（20分）	（1）作业过程中执行检修作业手比口呼标准，每错漏一处扣2分； （2）尺身未与车轴中心线垂直，扣5分； （3）主尺未与轮缘内侧密贴，扣5分； （4）游标底部未接触踏面，扣5分； （5）未水平推动游标，扣5分； （6）止螺钉未紧固，扣5分； （7）未检查轮缘外侧磨耗点，扣5分； （8）读数每差±0.5 mm，扣5分； （9）角点密贴游标超刻线尺寸未报，扣5分	出现明显失误，造成设备及元器件损坏等安全事故，或严重违反考场纪律，造成恶劣影响的，本次考核记0分
	作业质量标准（10分）	（1）正确读数（允许误差±0.1 mm），每超±0.1 mm扣2分； （2）填写车统-51C，每涂改、错填一处扣2分； （3）按规定程序进行作业，作业程序混乱扣5分	
	时间控制（10分）	时间控制合理，每超过1 min扣1分，超过5 min考核立即停止	
职业素养（20分）	基本要求（10分）	（1）考试迟到，考核过程中做与考试无关的事，不服从考场安排，酌情扣1～10分； （2）操作过程中，工具、仪表、设备等摆放不整齐，扣2分； （3）作业完成后，未整理工具、清洁工作现场，扣5分	
	安全防护（10分）	（1）没有正确穿戴个人防护用品，扣10分； （2）不遵守劳动安全规程，扣5分	
合计	100分		

附录 A 相关法律、规范与标准

1. 相关法律

（1）中华人民共和国安全生产法；

（2）中华人民共和国劳动法。

2. 相关规范与标准

（1）IEC 60310：2016 铁路应用：机车车辆牵引变压器和电抗器

（2）电工国家职业技能标准（职业编码：6-31-01-03）

（3）钳工国家职业技能标准（职业编码：6-20-01-01）

（4）维修电工国家职业技能标准（职业编码：6-29-03-08）

（5）GB/T 3—1997 普通螺纹收尾、肩距、退刀槽和倒角

（6）GB/T 145—2001 中心孔

（7）GB/T 197—2018 普通螺纹 公差

（8）GB/T 1031—2009 产品几何技术规范（GPS）表面结构 轮廓法 表面粗糙度参数及其数值

（9）GB/T 1182—2018 产品几何技术规范（GPS）几何公差 形状、方向、位置和跳动公差标注

（10）GB/T 1184—1996 形状和位置公差 未注公差值

（11）GB/T 1804—2000 一般公差 未注公差的线性和角度尺寸的公差

（12）铁机〔1993〕74 号 铁路机车检修保养规则

（13）铁总运〔2015〕314 号 铁路机车运用管理规则

（14）TG/JW104—2012 铁路机车操作规则

（15）TG/01—2014 铁路技术管理规程

（16）电力线路工岗位作业指导书

3.《中华人民共和国安全生产法》摘录

第六条 生产经营单位的从业人员有依法获得安全生产保障的权利，并应当依法履行安全生产方面的义务。

第二十八条 生产经营单位应当对从业人员进行安全生产教育和培训，保证从业人员具备必要的安全生产知识，熟悉有关的安全生产规章制度和安全操作规程，掌握本岗位的安全操作技能，了解事故应急处理措施，知悉自身在安全生产方面的权利和义务。

未经安全生产教育和培训合格的从业人员，不得上岗作业。

第五十七条　从业人员在作业过程中，应当严格落实岗位安全责任，遵守本单位的安全生产规章制度和操作规程，服从管理，正确佩戴和使用劳动防护用品。

第五十八条　从业人员应当接受安全生产教育和培训，掌握本职工作所需的安全生产知识，提高安全生产技能，增强事故预防和应急处理能力。